Ingo und Johanna M. Steinke

Sich zeigen:
Co-kreatives Coaching
und die Methode der Positionierung

Von der klientenzentrierten, systemischen
Beratung zum Professional Coaching

Interview Ariel Hauptmeier
Lektorat Helmut Krähe
Cover und Illustration Franziska Weber / Canva
Cover-Fotos Martin Schmidt
Satz Ronald D. Vogel

Verlag COATRAIN® Publishing, Graustraße 1, D-21029 Hamburg.
COATRAIN® Publishing ist eine Unternehmung der
COATRAIN® coaching & personal training GmbH.
Herstellung und Verlag: BoD – Books on Demand, Norderstedt
ISBN: 9783757845391

Inhalt

Vorwort

Wir lieben den Dialog. Den Dialog miteinander. Den Dialog mit unseren Coachees. Wir lieben es, miteinander zu diskutieren, zu reflektieren, zu streiten. Wir lieben es, Dingen auf den Grund zu gehen.

Darum haben wir dieses Buch geschrieben.

Anfangs haben auch wir geglaubt, dass ein guter Coach ein Wegbegleiter ist, der einem Menschen oder einem Team hilft, sich besser zu verstehen, sich zu entwickeln, damit sie ein Problem selbst erkennen und selbst lösen. Wobei es der Coach vermeidet, inhaltlich etwas dazuzutun, Rat zu geben, Lösungsvorschläge zu machen. Das Dogma: Der Coachee findet die Lösung, der Coach kümmert sich um die Methode. Non-direktive Gesprächsführung hat man sie früher genannt oder auch klientenzentrierte Beratung. Heute heißt sie: Prozessbegleitung.

Doch Coaching, wie wir es verstehen, ist mehr – viel mehr. Es befähigt und konfrontiert. Es stärkt Menschen in ihren Rollen, es stärkt sie in ihrem Wirken, hier und jetzt in ihrem Arbeits-Leben.

Wir sagen: Ein Coach zeigt sich. Er formuliert eigene Positionen und Ansichten, an denen sich der Coachee reiben kann. Ein Coach bereichert mit Sichtweisen, auf die der Coachee noch nicht einmal im Traum käme. Ein Coach bringt sich gleichwertig und auf Augenhöhe ein – mit kreativen Analysen und überraschenden Perspektiven. Wohlwollend in der Beziehung, kritisch in den Fragen, prägnant in den Positionen.

Kurz: *Ein Coach positioniert sich.*

Er übernimmt Verantwortung. Nicht nur für einen guten Coaching-Prozess, sondern auch für die Ergebnisse. Er ist mitverantwortlich dafür, was ausgehend vom Coaching im Leben und Arbeiten des Coachees passiert.

Co-kreativ nennen wir unsere Methode. Unsere Vision: ein Coaching, das miteinander schöpferisch ist, auf Augenhöhe einfallsreich, Seite an Seite erfinderisch, kooperativ-produktiv.

Ein Coaching, das die Zahnlosigkeit und Ineffizienz der Prozessbegleitung aufhebt.

Der Weg, den wir vorschlagen, ist unbequem. Unsere Methode erfordert Mut und die Bereitschaft, Verantwortung zu übernehmen. Gemütlicher ist es, einen Klärungsprozess zu begleiten und ordentlich methodisch zu fragen. Da kann man sich zurücklehnen. Das ist angenehm, aber so was von unzeitgemäß. In der digitalen, agilen Arbeitswelt sind wir viel stärker als noch vor 10 oder 20 Jahren gefordert, rasch zu klaren Entscheidungen zu kommen. Eine gute Coachende ist effizient.

Sie kann sich nicht raushalten. Sie kann sich nicht auf eine neutrale Position zurückziehen, selbst wenn sie es wollte. Vielleicht ist sie sich ihres Einflusses und ihrer Verantwortung nicht bewusst, wiegt sich in der Illusion, dass sie die Veränderungen beim Coachee nur von außen begleitet. Doch das stimmt nicht: Coaching hat Konsequenzen.

Es kann einen Lebensweg prägen, dazu führen, dass Menschen ihren Job behalten oder nicht, dass eine Firma den Turnaround schafft oder nicht, dass sich Menschen in ihren Jobs verwirklichen oder weiter ausbrennen, dass sie ihre Berufung finden oder weiter nur ihrem Beruf nachgehen.

Wie gesagt: Die meisten Coaches arbeiten heute prozessbegleitend. Sie orientieren sich an der klientenzentrierten, nicht-direktiven Gesprächsführung oder dem in dieser Tradition stehenden systemischen Arbeiten. Begründet wurde dieser Ansatz von C. G. Jung, ausformuliert von Carl Rogers, Kurt Lewin hat ihn auf Organisationen übertragen. Der Ansatz geht davon aus, dass der Coachee die notwendigen Ressourcen oder Fähigkeiten besitzt, die nur entwickelt werden müssen; dass er die Lösung in sich trägt und sie sich lediglich bewusst machen muss.

Der Mensch steht bei diesem Ansatz im Mittelpunkt, nicht das Problem. Die Problemlösungsfähigkeit soll entwickelt werden, nicht nur das akute Problem gelöst werden.

Einerseits ist dieser Ansatz richtig: Psychische Systeme tragen Lösungen und Ressourcen in sich. Doch das Dogma der Prozessbegleitung ist zur Ideologie geronnen. Der Nichteinmischungspakt zwischen Coach und Coachee begrenzt das Coaching.

Immer wieder gibt es Situationen, in denen der Coachee *eben nicht* die Lösung kennt, *eben nicht* weiß, wie es weitergehen kann, *eben nicht* weiß, wie er mit einer Herausforderung umgehen soll. Er begreift vielleicht noch nicht einmal den Ernst der

Lage. Ihm fehlt es an allem, an Wissen, Ressourcen, Erfahrungen, ihm fehlt es an Zeit. Er braucht Lösungen, rasch, er braucht Handlungsstrategien, sehr bald.

Angestellte und Führungskräfte, Freiberufler und Gründer, in Firmen und Agenturen, in Politik, Medien, Wirtschaft brechen regelmäßig auf in Gegenden, für die es keine Landkarten gibt. Sie wollen an ihr Ziel kommen, aber kennen den Weg nicht, wissen nicht, wo die Sümpfe liegen, welche Bergketten zu überqueren sind, wie undurchdringlich der Dschungel ist. Es reicht nicht, innere Klärungs- und Lösungsprozesse zu begleiten. Die Coachees brauchen neue Landkarten.

Diese Arbeitsweise müssen wir zurück ins professionelle Coaching holen. Coaching, wie wir es verstehen, ist viel stärker angesiedelt auf der Schwelle zwischen Person und Funktion – und viel weniger stark angesiedelt in den Tiefen der Persönlichkeit.

Ein solches Coaching, um ein Bild zu bemühen, ist wie ein Kochevent: Coach und Coachee stehen *gemeinsam* am Herd und geben ihre Zutaten *gleichwertig* in den Topf, sie kreieren *zusammen* ein Menü, das es vorher noch nicht gegeben hat. Um im Bild zu bleiben: Eine (Unternehmens-)Beraterin würde Topf und Rezept liefern und von außen vorgeben, wie das Gericht gelingt. Eine Therapeutin würde darüber reflektieren, wie es für einen war, als Mutti oder Vati gekocht haben, wie man alte Rezepte verlernen könnte oder ob der Vorgang des Kochens überhaupt der richtige ist, während man am Herd steht und in leere Töpfe guckt.

Die Angst, Menschen etwas überzustülpen, können wir im Coaching getrost ablegen. Denn die Coachees sind ja Ich-starke Persönlichkeiten und keine Therapiefälle. Sie brauchen einen Sparringspartner an ihrer Seite, der sich mit ihnen den Realitäten stellt und *gemeinsam* mit ihnen Lösungen und Strategien entwickelt.

Schon lange denken wir über dieses Buch nach. Und zugleich zögern wir. Denn überall wo Ideologien herrschen, ist die Gefahr groß, dass abweichende Meinungen als Angriff verstanden werden.

Aber darum geht es uns nicht. Wir wollen nicht abwerten oder umkrempeln, nicht kränken oder attackieren. Wir wollen ergänzen und anreichern, schärfen und entwickeln. Wir wollen Coaching besser machen – indem wir uns auf seine Wurzeln besinnen.

Wir lieben das Gespräch. Auch mit euch, auch mit Ihnen. Wie schön wäre es, wenn dieses Buch der Beginn einer neuen Unterhaltung wäre. Wie bereichernd.

Johanna M. & Ingo Steinke
Hamburg, Januar 2023

Wie wir das Thema Positionierung entdeckt haben

Ariel: Liebe Johanna, lieber Ingo, wir sitzen hier in der Graustraße in Hamburg-Bergedorf, es ist Dezember 2022 und echtes norddeutsches Nieselwetter. Ich bin Journalist, wir kennen uns seit zehn Jahren, ihr habt mich eingeladen, zusammen mit euch mehrere Tage, vielleicht werden es auch Wochen, über das Thema Positionierung zu reden. Ihr werdet euch gleich ausführlicher vorstellen, ich werde mich auch vorstellen, aber lasst uns gern erst mal mitten hineinspringen ins Thema: Wie begann es? Woher kommt euer Ansatz, dass ein Coach sich positionieren soll, sich zeigen soll, auch mal Reibung erzeugen soll?

Ingo: Es muss um das Jahr 2004 gewesen sein. Wir saßen im Auto, es war dunkel, wir fuhren von Berlin zurück nach Hamburg, auf dem Rückweg von einer Supervision. Wir waren beschwingt, wir sagten uns: Das hat unheimlich gutgetan. Wir hatten mit unserer Supervisorin zig Stunden über alle möglichen Themen geredet, über unsere berufliche Entwicklung, unsere privaten Rollen, unsere Paarbeziehung. Und nun überlegten wir im Auto, woher unsere Hochstimmung rührte.

Johanna: Das Gespräch hat gutgetan. Nicht in einem therapeutischen Sinne, es war wohltuend an der Schnittstelle zwischen Person und Rolle: Wir fühlten uns plötzlich richtig und sicher, justiert in unseren Rollen als Coachende, Führungskraft, Partnerin, Frau und Mann. Das haben die meisten von uns schon mal erlebt: wie bereichernd es ist, wenn einem eine Andere auf Augenhöhe begegnet, eine, die anders denkt und andere Erfahrungen gemacht hat und einem diese zur Verfügung stellt. Und während wir darüber diskutierten, wurde uns klar: Weniger die gut gestellten Fragen unserer Supervisorin waren es, die uns so erfüllten, sondern dass sie sich als Mensch gezeigt hatte, dass sie Stellung bezogen hatte. Sie hatte uns in der Tiefe berührt.

Ingo: Da sind wir wohl zum ersten Mal auf dieses große Thema aufmerksam geworden. Und haben uns gefragt: Weiß unsere Supervisorin eigentlich, wie wichtig das für gutes Coaching ist, was sie da macht? Ist sie sich bewusst, dass ihre Positionierung der Kern ihrer Arbeit ist, der eigentliche Grund dafür, wie sehr das Gespräch mit ihr wirkt? Ich gestehe: Ich habe sie bis heute nie darauf angesprochen. Aber die Frage hat mich seither beschäftigt.

Johanna: Ich erinnere mich an eine andere Situation einige Jahre später, wir saßen an unserem Lieblingsstrand an der Ostsee, blickten aufs Meer und unterhielten uns über einen Coaching-Prozess, der mir nicht aus dem Sinn ging:

Ein Coachee von mir war zugleich in therapeutischer Behandlung, um zu lernen, selbstsicherer zu werden, Grenzen zu setzen, Nein zu sagen. Erst kürzlich hatte er eine Funktion in der Nähe des Vorstandsvorsitzenden übernommen – und war jetzt von ihm zu einem Abendessen eingeladen worden. Mit seiner Therapeutin hatte der Coachee erarbeitet, getreu dem Auftrag, die Einladung abzulehnen. Er sollte sich abgrenzen, Nein sagen und die Absage selbstsicher formulieren. Mein Coachee erzählte mir davon. Ich wusste gleich: Ich konnte jetzt nicht einfach weiter kluge Fragen stellen. Stattdessen habe ich ihm meine Position zur Verfügung gestellt, sinngemäß: „Sie können alles absagen und überall Nein sagen, ganz souverän, aber ein Nein zu einer Abendessen-Einladung des Vorstandsvorsitzenden könnte der Beziehung zu ihm und Ihrer Zugehörigkeit zu dieser Unternehmensebene erheblich schaden. Und nun sagen Sie mir mal: Wo liegt eigentlich der Hase im Pfeffer bei dieser Einladung?" Es stellte sich heraus, dass der Coachee nicht wusste, wie er sich an dem Abend verhalten, was er anziehen, worüber er sich unterhalten, wen er als Begleitung mitnehmen und wie er als schüchterner, introvertierter Ingenieur den Small Talk gestalten sollte. Das alles haben wir erarbeitet.

Ich fragte also Ingo im Strandkorb: Sag mal, wenn man so einen Fall hat – ist es dann okay, wenn ich mich da hinstelle und sage, wie ich die Sache sehe? Wir sahen uns an und lachten, weil die Frage im ersten Moment so absurd klang.

Aber auf den zweiten Blick klang sie gar nicht so absurd. Sondern es war einer der Momente, in denen wir die Methode der Positionierung durchdacht haben, erkannten, wie wichtig es sein kann, sich mit Einschätzungen und Ansichten einzumischen – und Haltungen, Prinzipien, Erfahrungswerte und Know-how in das Coaching einzuspeisen. Uns wurde klar, wie regelmäßig wir das bereits praktizierten in unseren Coachings. Wie hilfreich es für unsere Coachees war, wie wirksam.

Ariel: Was wurde aus dem Coachee?

Johanna: Er hat nicht nur den Abend wunderbar gemeistert, sondern auch seinen Job lange behalten.

Ariel: Während die Therapeutin, die einfach nur ihren Stiefel weitergemacht und das Ausgangsthema bearbeitet hätte, der Karriere des Coachees womöglich geschadet hätte.

Ingo: Der nächste Schritt war ein Vortrag vor Wirtschaftspsychologen über Coaching in Unternehmen. Das muss 2007 gewesen sein. Ich hatte steile Thesen vorbereitet, unter anderem: „Coaching ist methodenplural und beendet das Schulendenken – Bezeichnungen wie Systemisches Coaching sind ein Zeichen mangelnder Professionalität." Und: „Die fröhliche Idylle der Prozessbegleitung ist vorbei – wer professionell coacht, macht sich die Hände schmutzig." Damit meinte ich, dass man sich als Coach eben nicht einfach aus der Affäre ziehen kann, sondern mit eigenen Positionen sehr wohl das Handeln der Coachees beeinflusst. Implizit, explizit oder indem man eigene Positionen zurückhält.

Ariel: Yes! Ich liebe ja solche klaren Sätze. Wobei ich die Formulierung nicht so glücklich finde, wenn ich das anmerken darf.

Ingo: Darfst du, und sehe ich genauso. Heute würde ich sagen: Das Coaching ist nicht die Vorbereitung auf die Realität, das Coaching ist die Realität.

Johanna: Den letzten Anstoß gab vielleicht Helmut Schmidt – so um das Jahr 2013 herum muss das gewesen sein. Wir haben gemeinsam sein Buch „Ein letzter Besuch" gelesen. An einer Stelle äußert sich Schmidt anerkennend über den chinesischen

Premierminister Zhao Ziyang: Er bewundere dessen unbeirrbare, glasklare Urteilskraft. An dieser Stelle dachten wir: Das ist es! Auch im Führungshandeln, auch im Coaching geht es um Urteilskraft, um den Willen und Mut zu einer eigenen Beurteilung. So hatte Schmidt 1982 begonnen, gegen den Willen seiner Partei und weiter Teile der Gesellschaft, US-amerikanische Atomraketen in Deutschland stationieren zu lassen ...

Ingo: ... übrigens waren auch wir damals strikt dagegen ...

Johanna: ... jedenfalls war Helmut Schmidt aus seiner Urteilskraft heraus zu der Einschätzung gelangt: Dieser Weg mag noch so unpopulär sein, er ist trotzdem richtig. Den Prozess der politischen Urteilsbildung skizzierte Schmidt in einigen Sätzen am Beispiel eines chinesischen Politikers. Wir merkten auf – und begannen, uns mit politischer Urteilsbildung zu befassen. Denn auch wir müssen uns in unseren Coachings fortwährend ein Urteil bilden. Wobei ich das Wort nicht mag: Urteile werden vor Gericht gefällt, ein Coach ist keine übergeordnete, richtende Instanz. Treffender wäre: Verortung. Es geht darum, eine eigene Position einzunehmen.

Ingo: Vielleicht waren wir umso aufgeschlossener für dieses Thema, als wir die Folgenlosigkeit traditionellen, neutralen, sich nicht positionierenden Coachings schmerzhaft am eigenen Leib erlebt hatten. 1998, als unsere Karriere so richtig Fahrt aufgenommen hatte, haben wir als Coaches in einer Unternehmensberatung gearbeitet und wurden mit Coaching-Anfragen geradezu überhäuft. Unsere Aufgabe: die Motive der Menschen zu erfragen, die psychodynamischen Hintergründe ihres Handelns aufzudecken. Es war ein endloses, zähes Fragenstellen, das wir da über Stunden und Stunden veranstalteten. Allenfalls kam heraus, dass jemand gern Macht ausübte, keine Verantwortung übernehmen wollte oder einen respektlosen Kommunikationsstil hatte. Es war eine Art intellektuelle Selbstbefriedigung, eine Lust daran, dass die Leute ihre Projektionen durchschauten, ihre Gefühle spürten und Selbsterkenntnisse hatten.

Johanna: Mal abgesehen davon, dass das relativ wenig mit ihrem Job, ihrer Rolle im Betrieb zu tun hatte und eher so etwas wie „Psychotherapie light" war, haben wir gemerkt, dass dieses rein prozessbegleitende Arbeiten auf dem Papier wunderbar klang, wir aber immer wieder an den Notwendigkeiten des Geschäftslebens vorbeicoachten.

Ingo: In diesen bis zu 100 Coaching-Prozessen, die wir da pro Jahr durchführten, haben wir früh begriffen, wie schnell der Einsatz von psychotherapeutischen Methoden im Coaching Menschen psychisch destabilisieren kann. Wie wichtig es demgegenüber ist, die Menschen im Coaching zu stabilisieren und im Erfolg zu halten, anstatt in ihrer Psyche herumzustochern. Ein Coach, der nichts anderes kann, löst Sachen aus, die jemanden vielleicht erfolglos werden lassen, weil dieser Mensch plötzlich im Job nicht mehr handlungsfähig ist.

Johanna: Ja, im Angesicht einer ernsten Realsituation, in der Coachees ja oft stecken, darf man bisweilen nicht rein methodisch handeln. So empfinde ich es manchmal bis heute, wenn Coaches einseitig mit ihrer Lieblingsmethode daherkommen. Da frage ich mich manchmal, ob sie damit nicht auch „über Leichen" gehen. Eben weil sie, auf ihrer Methode beharrend, bestimmte Dinge unterlassen oder gar nicht thematisieren oder Wunden aufreißen, die man zu diesem Zeitpunkt besser nicht angerührt hätte. Die am Thema vorbeiarbeiten und sich und ihre Methode ins Zentrum stellen, anstatt zu bearbeiten, was der Coachee in seiner Rolle braucht.

So ist im Lauf der Jahre unser Credo erwachsen: Im Coaching geht es nicht darum, einfach nur seine Lieblingsmethoden anzuwenden. Sondern passgenau jene Methoden und Techniken zu nutzen, die ein Coachee oder ein Klientensystem *in dieser Situation* brauchen. Ein Coach benötigt Methodenpluralität, ein Spektrum an Handlungsmöglichkeiten, um klienten- und situationsangemessen professionell agieren zu können.

Ariel: Er muss also nicht nur sein Coaching-Handwerk sehr gut beherrschen, sondern braucht auch jede Menge Lebens- und Berufserfahrung. Wie ging es weiter?

Ingo: 2015 habe ich mich intensiv mit Coaching-Kompetenzen befasst und den Artikel „Prozessbegleitung? Nein Danke!" geschrieben. Ich hatte damals echt die Nase voll von dieser ewigen Leier von Coaching als Prozessbegleitung – und habe richtig einen rausgehauen. Den Artikel wollte erst keiner haben, am Ende ist er in einem Fachportal für HR-Professionals erschienen. Sinngemäß habe ich damals geschrieben, dass ein Coach ein ausgeprägtes Urteilsvermögen haben muss, damit er die Vorgänge in Unternehmen verstehen und einordnen kann. Erkennen, wann man es tatsächlich mit Mobbing oder Burn-out zu tun hat und wann es eher vorschnelle Modediagnosen sind.

Oder, ganz praktisch: erkennen, dass jemand keine vernünftigen Präsentationen macht, und ihm dies nicht nur zurückmelden, sondern ihm auch zeigen oder gar vormachen, wie man anders präsentiert. Hier kommt das Lehrende, das Entwickelnde des Coachings der ersten Stunde wieder zum Vorschein, des „Managers as Coach". Das erste Coaching-Lehrbuch, 1971 in den USA erschienen, beschreibt Coaching als pädagogische Disziplin: Die Manager sollten einen innerbetrieblichen Learning-Parcours für ihre Nachwuchskräfte kreieren, in dem sie all das lernen, um eines Tages als Manager Verantwortung übernehmen zu können.

Ariel: Der Coach als Lehrer. Interessanter Gedanke – und ziemlich weit weg von dem, wie es heute ist.

Johanna: 2016 kam für mich eine gesundheitliche Krise – und auch dort habe ich erfahren, wie sehr Positionierung das eigene Mindset erweitert, ja verändert. Meine gesundheitlichen Begleiter waren sehr unterschiedlich. Die einen hielten sich raus und ließen mich mit meinen Sorgen und Ängsten allein; andere sprachen offen mit mir, bezogen Position, sagten, was sie dachten und an meiner Stelle tun würden. Dank ihnen wusste ich viel besser, wo ich stand. Das hat meine Genesung beschleunigt.

Ingo: Noch eine Quelle wollen wir nicht unerwähnt lassen. 2017 gesellte sich unser Kollege Uwe Wunder zu unserem Geschäftsführungsteam dazu. Uwe ist Betriebswirt durch und durch und hat uns mit dem Ansatz des „Co-creation Paradigm" vertraut gemacht. Die Philosophie dahinter in einem Satz: Kunden beteiligen sich in Workshops an der Produktentwicklung und helfen so dem Unternehmen, in Highspeed zeitgemäße und nützliche Produkte und Dienstleistungen auf den Markt zu bringen. Dieser Ansatz, gemeinsam und auf Augenhöhe mit seinen Kunden Neues zu entwickeln, hat uns inspiriert und uns einen Schlüsselbegriff für unsere Arbeit beschert: co-kreatives Coaching.

Ariel: Übersetzen könnte man das mit miteinander-schöpferisches Coaching. Wir werden sicher darauf zurückkommen. What a journey! Rund 20 Jahre Nachdenken, erprobt in Hunderten Coachings, weiterentwickelt in zig Diskussionen, im Strandkorb, auf Spaziergängen, bei Autofahrten. Ein Nachdenken und Nachfühlen, das nun in dieses Buch mündet. Das bringt mich zu der Frage: Wie arbeitet ihr zusammen? Und warum habt ihr mich eingeladen, mit euch dieses Gespräch zu führen?

Wer wir sind und wie wir arbeiten

Ariel: Und, wenn ich gleich noch eine Frage stellen darf: Warum dieses Buch?

Ingo: Ab den 1990er-Jahren fand etwas statt, was ich gern das „Einbrechen des reflexiven Methodenrepertoires aus Counseling & Psychotherapy ins Coaching" nenne. Meint: Wir Coaches verstanden es immer besser, dank all dieser wundervollen quasi-therapeutischen Fragetechniken, Reflexionsprozesse auszulösen und kognitiv-emotionale Themen klug und versiert zu begleiten – hinderliche Glaubenssätze und emotionale Blockaden zu lösen, problemorientiertes Denken und Handeln zu transformieren, das Festhängen in Defiziten zu bearbeiten.

All das können wir mit diesen Tools und Techniken, und das schätzen wir sehr. Allein: Es ist eine sehr einseitige Ausrichtung des Coachings auf innere Vorgänge, auf rational-emotionale Entwicklungsprozesse.

Doch Coaching ist mehr. Menschen kommen mit ganz konkreten Schwierigkeiten zu uns. Sie wissen nicht weiter. Wer Probleme hat, braucht Lösungen. Wer Herausforderungen hat, steht vor dem Nichts und braucht Strategien. Die Menschen wissen aber nicht, wie sie mit einer Situation umgehen sollen. Sie begreifen vielleicht noch nicht einmal den Ernst der Lage. Wir vergleichen die Arbeit mit Herausforderungen im Coaching gern mit einer Reise in unbekannte Gegenden. Wobei auch diese Metapher hinkt. Denn da weißt du schon, dass du dich auf einer Reise befinden wirst und es in unbekannte Gegenden geht. Noch nicht einmal das wissen Menschen, die vor Herausforderungen stehen.

Ariel: Schönes Bild. Man hat vielleicht schon den Koffer gepackt, weiß, dass es bald losgeht, aber tatsächlich sitzt man bereits im Bus und ist unterwegs.

Johanna: Ein gutes Beispiel dafür ist die Coronakrise: Plötzlich bricht etwas über unsere Gesellschaft herein, für das es keine Blaupause gibt. Und alle fragen sich: Was ist hier los? Wo befinden wir uns hier? Die Fallzahlen steigen oder sinken, wir müssen handeln, die Alten schützen, die Krankenhäuser offen halten, die Schulen vielleicht schließen, zugleich tauchen große Fragen auf: Welche Rolle hat die Wissenschaft? Was passiert da gerade mit unserer Gesellschaft, mit unserer Freiheit, mit unserem Miteinander? Was bedeutet das für den Umgang mit Mitarbeitenden, die einfach sagen: Lecko mio, wir laufen weiter ohne Maske durch die Gegend? Eine solche Situation, wie wir sie in der Pandemie erlebt haben, kommt in Unternehmen regelmäßig vor: Die Mitarbeitenden oder Führungskräfte brechen auf in Gegenden, für die es keine Landkarten gibt.

Ingo: Das hat aber nun weitreichende Konsequenzen für uns Coaches. Es reicht nicht, die Probleme der Menschen prozessbegleitend zu bearbeiten. Wir sollten ihnen helfen, Herausforderungen zu verstehen und Handlungsstrategien zu entwickeln. Diese Arbeitsweise müssen wir ins Coaching zurückholen. Denn sie erfordert andere Tools und andere Herangehensweisen, an-

20

dere Denkweisen als jene aus der Tradition der Prozessbegleitung, der Begleitung innerer Klärungs- und Lösungsprozesse. Und das wollen wir wieder in den Fokus von professionellem Coaching rücken.

Ariel: Leuchtet mir ein.

Johanna: Wir Coaches brauchen wieder eine andere Haltung. Im Coaching haben wir es, anders als in der Therapie, zumeist mit Ich-starken Persönlichkeiten zu tun, Menschen, die „voll im Saft stehen". Sie brauchen jemanden, der einen Dialog mit ihnen führt, der ihnen ein Gesprächspartner auf Augenhöhe ist. Ein Sparringspartner. Wenn etwa eine Frau ihren Laden an die Wand gefahren hat, dann reicht es nicht zu fragen: Wie geht es Ihnen jetzt damit? Die Frage ist auch: Wie ist es so weit gekommen? Was kannst du tun, um die Pleite noch abzuwenden? Wir müssen Optionen herausarbeiten, damit dieser Mensch handlungsfähig bleibt oder wird. Es gilt, mit allem Wohlwollen, das uns zur Verfügung steht, die Situation, die Strukturen, die Bedingungen, den Rahmen zu hinterfragen, in dem sie sich bewegt und handelt. Um miteinander konkrete Strategien zu entwickeln.

Ingo: Coaching ist viel stärker angesiedelt auf der Schwelle zwischen Person und Funktion, als viele glauben – und nicht nur angesiedelt in den Tiefen der Persönlichkeit. Coaching ist seinem Wesen nach handlungsorientiert, es findet „mitten im Aktionsfeld" statt. In Training und Therapie lernst und entwickelst du etwas, das du hinterher umsetzt – das nennt man Transfer. Coaching *ist* der Transfer: Der Coachee setzt um, *während* er lernt und sich entwickelt.

Ariel: Ihr redet sehr leidenschaftlich über dieses Thema. Man spürt, wie sehr es euch am Herzen liegt. Aber zugleich habt ihr, das weiß ich aus unseren Vorgesprächen, Zweifel, dieses Buch zu veröffentlichen. Warum?

Ingo: Weil wir befürchten, an den Grundfesten einer Ideologie zu rütteln. Einer Ideologie, die sich in den vergangenen 20, 30 Jahren verfestigt hat. Sie besagt: Der Fokus von Coaching ist Prozessbegleitung, also Menschen oder Teams so zu entwickeln, dass sie Probleme selber lösen können. Und überall, wo Ideologien herrschen, ist die Gefahr groß, dass abweichende Meinungen als Angriff verstanden werden.

Ariel: Aber darum geht es euch nicht?

Ingo: Ganz und gar nicht. Wir wollen nicht zerstören oder umkrempeln oder uns aufwerten und andere abwerten. Sondern transformieren, ergänzen, anreichern.

Ariel: Ich frage mal prozessbegleitend: Wie geht es euch damit, dass ihr euch mit diesem Buch auf den Marktplatz stellt und sagt: Es muss sich etwas ändern?

Johanna: Erstens stehe ich nicht gern mitten auf dem Marktplatz, zweitens habe ich auch die Sorge, dass unser Beitrag missverstanden wird: Die beiden Silberfüchse, die Löffel voll Weisheit gefressen haben, poltern jetzt mal los. Aber das liegt mir so was von fern. Ich ringe darum, Coaching dahin zu rücken, wo es hingehört, wenn es in Organisationen wirksam sein soll.

Ingo: Wir haben die Coaching-Szene immer wieder als rivalisierend und aggressiv erlebt. Das mag damit zusammenhängen, dass wir in einer kapitalistischen Wettbewerbswelt agieren, die von Konkurrenz geprägt ist, die in unserem Fall gerade auch über das Besetzen von Themen ausgefochten wird. Wo man sich auf ein bestimmtes Thema stürzt und es besetzt und vereinnahmt, um sich mit dem Thema einen Marktanteil zu sichern. Und deshalb wird dann alles abqualifiziert, was nicht so läuft oder anders ist. Das möchten wir vermeiden. Dazu ist uns Coaching viel zu wichtig. Wir haben ausführlich die Coaching-Historie rekonstruiert, um zu begreifen, wie Coaching entstanden ist, um einmal aus diesem Dschungel von Behauptungen und Gegenbehauptungen rauszukommen. Wir möchten nicht rivalisieren, sondern einen wertvollen Beitrag leisten zu dem Wertvollen, was im Coaching schon vorhanden ist.

Ariel: Ein imposantes Buch, 700 Seiten stark, es liegt hier auf dem Tisch, es heißt „Die Ursprünge von Coaching als Methodik" und hat mich, ich gestehe es, ein wenig überfordert.

Ingo: Und das, obwohl du mal Philosophie studiert hast?

Ariel: Leider ja. Ich liebe nun einmal einfache Sprache. Mit deutschen Wissenschaftstexten kannst du mich jagen. Ich bin ein großer Freund der angelsächsischen Tradition, komplexe Gedanken in einfache Sätze zu kleiden.

Ingo: Und darum sitzt du ja auch hier mit am Tisch – weil wir wollen, dass dieses Buch eben nicht nur in Fachkreisen gelesen wird, sondern von möglichst vielen Menschen. Wobei mir, bei aller Einfachheit in der Darstellung, die theoretische Fundierung am Herzen liegt. Wir stehen nun einmal in einer reichhaltigen Tradition sozialwissenschaftlicher Erkenntnisse, und es wäre fahrlässig, die links liegen zu lassen – so, wie das viel zu lange im Coaching geschehen ist.

Darum noch einmal der Blick aus der Adlerperspektive: Historisch befinden wir uns in einer Situation der Fundierung, der Professionalisierung, auch der Verwissenschaftlichung von Coaching. (Obwohl die Wissenschaft oft mitmacht beim Rivalisieren und sich auch noch auf psychotherapeutische Trips begibt, die auf Abwege führen.) Es gibt seit einigen Jahren hierzulande einen Prozess der ordnenden, reflexiven metatheoretischen Begründung von Coaching. Meint: Wir beschäftigen uns mit den fundamentalen Theorien hinter all den einzelnen Theorien und Tools.

Johanna: Es kann übrigens noch etwas als Reaktion auf unser Buch passieren. Dass einige sagen: Das ist doch total banal, was die da erzählen, das mache ich doch jeden Tag im Coaching. Dazu sagen wir: Prima, aber dann redet auch mal darüber, dass ihr das macht, und zeigt mal, *wie* ihr das macht. Dann lasst uns als Teil von Coaching untersuchen, wie das gut gelingen kann, wovon hier die Rede ist.

Ariel: Nächste Frage, auch die liegt auf der Hand: Warum habt ihr euch für die Dialogform entschieden? Warum ein Gesprächsbuch?

Johanna: Weil es so lebendiger und verständlicher ist. Weil so unterschiedliche Perspektiven einfließen. Weil diese Gesprächsform spiegelt, wie Ingo und ich miteinander arbeiten. Weil dieser Trialog in sich ein co-kreativer Prozess ist: Ingo gibt seins rein, Ariel seins, ich meins, so entsteht eine gedankliche Synergie rund um Fragen von Positionierung und Coaching.

Ingo: Wir wollen, um einmal Hegel zu bemühen, die Identität von Inhalt und Methode. Wir wollen das, worüber wir sprechen, gleichzeitig tun. Außerdem zwingt uns das Dialogische zu Einfachheit und Klarheit. Das ist gut.

Ariel: Schon vor zehn Jahren, als wir uns kennenlernten, habt ihr von diesem Projekt geredet.

Ingo: Und haben es seither fortentwickelt. Dieses Buch ist ein tiefer Einblick in die Art und Weise, wie wir miteinander umgehen, wie wir uns reflektieren, zu welchen Erkenntnissen wir kommen. Viele der Punkte, die wir ansprechen werden, gibt es als Notizen, entstanden aus Dialogen, die wir miteinander geführt haben. Gedanken und Einsichten, die wir manchmal nur schnell handschriftlich hingekrakelt oder im Restaurant auf eine Serviette geschrieben haben. All diese Fragmente unseres Denkens und Fühlens sind in einen Proviantkorb gewandert, von dem wir jetzt zehren.

Ariel: Ich habe 2012 bei euch eine Ausbildung zum Business-Coach gemacht und schon damals bewundert, wie gut ihr euch ergänzt. Seit wann seid ihr eigentlich ein Paar?

Johanna: Wir sind seit dem 9. Dezember 1990 zusammen.

Ariel: Und habt euch, wenn ich mich recht erinnere, während eures Psychologiestudiums kennengelernt.

Johanna: Das Studium hat eine große Rolle gespielt. Schon damals haben wir viel diskutiert, haben uns politisch engagiert. Wir haben die theoretischen Dinge in die Praxis getragen und das, was wir im Alltag, in unseren Jobs erlebt haben, theoretisch hinterfragt. Wir haben viel Selbstreflexion auch miteinander betrieben. Klingt paradox, aber so ist es. Weil wir gemerkt haben: Wenn wir uns über uns selbst klar werden, werden wir uns klar über die Welt. Sie hat eine Entsprechung in uns selbst.

Ingo: Ich habe gerade zu Johannas Geburtstag alte Fotos hervorgekramt aus unserer Anfangszeit. Da kann man das alles noch mal sehen: wie wir gemeinsam mit anderen Studierenden weggefahren sind, um Zukunftswerkstätten zu veranstalten oder Workshops, und im Zuge dieses theoretischen Sich-Auseinandersetzens mit der Psychologie, des praktischen Umsetzens der Theorie, in diesem Spannungsfeld haben wir uns kennengelernt.

Wir waren damals beide stark in dem ganzen Thema Gender unterwegs, Johanna war sehr frauenbewegt, ich habe mich mit anderen Männern zusammengefunden und Zukunftswerkstätten für Männer angeboten, die großen Zulauf hatten. Wir sind dann mit 24 Männern aufs Land gefahren und haben eine Woche lang unter der Überschrift „Männer sind einsame Streiter!?" drei Phasen abgearbeitet, von der „Kritik am Mannsein" bis zur Umsetzungsphase – „Wie könnten wir anders handeln?" Wir sind nicht im Theoretisieren und Kritisieren stehen geblieben, sondern haben uns von Anfang an immer auch der praktischen Umsetzung gewidmet.

Ariel: Warum bist du Coach geworden, liebe Johanna?

Johanna: Ich habe von der Psychologie geträumt, seit ich 17 war, aber dann festgestellt: Ich wollte nicht Therapeutin werden. Ich wollte etwas anderes als diese asymmetrische Beziehung zwischen Therapeut und Klient. Lieber wollte ich mit Menschen in Organisationen arbeiten, ich wollte einen Austausch auf Augenhöhe, bei dem sich beide Seiten entwickeln können. Und so war dieser Switch ins Coaching folgerichtig: etwas aufzubauen, bei dem die Reflexion der beruflichen Rahmenbedingungen und Rolle als Mensch im Mittelpunkt steht, und etwas zu finden, das einen Beitrag zur Klarheit liefert. Wo du sagen kannst, das ist ein Dialog und eine Auseinandersetzung auf Augenhöhe. Und insofern ist dieses Buch eigentlich die ganz logische Konsequenz dessen, was wir in unserem Leben sozusagen gelebt, entwickelt und auch aufgebaut haben.

Ariel: Und du, lieber Ingo?

Ingo: Ich musste mir, genau wie Johanna, mein Studium verdienen, was den unschätzbaren Vorteil hatte, dass ich unterschiedliche Organisationen kennengelernt habe. Ich habe am Band gestanden, Lkw gefahren, alte Leute gepflegt, Psychologie-Unterricht in einer Altenpflegeschule gegeben – und immer geschaut: Wie läuft es da ab, wie gehen die Leute miteinander um? So bin ich schon während des Studiums in die praktische Arbeit reingerutscht, und es hat mich zunehmend fasziniert, die Arbeitssituation zu reflektieren, Lösungen zu finden und Strategien zu entwickeln. Ich wusste bald: Hier hat die Psychologie, diese Arbeit an der Innerlichkeit, ganz praktische Auswirkungen darauf, Arbeit zu gestalten, zu verbessern und wirksamer zu machen. Als ich das entdeckt habe, diese Verbindung von Psychologie in all ihren Tiefen und ihrer Wirkung in der Lebens- und Arbeitswelt, mit der Menschen täglich ringen, da habe ich gedacht: Das will ich für den Rest meines Lebens machen.

Ariel: Worin unterscheidet ihr euch?

Johanna: Ich habe mehr Urteilskraft, würde ich sagen, und bin auch schnell damit. Ich haue schon mal einen raus und bin auch sehr gerne nach außen hin gefühlsgesteuert. Auf der anderen Seite denke ich sehr strategisch, habe immer mehrere Schritte im Blick, denke ganz natürlich darüber nach: Wie könnten sich Dinge weiterentwickeln? Wir haben um die Jahrtausendwende gemeinsam unser Unternehmen gegründet, Coatrain, mit heute 24 Mitarbeitenden. Wahrscheinlich bin ich in unserem Unternehmen die Strategin.

Ingo: Während ich jemand bin, der nach der theoretischen Fundierung sucht von dem, was er macht, der philosophischen, soziologischen oder psychologischen Begründung. Auf der anderen Seite schreibe ich die Tools. Ich habe diese Fähigkeit, das aufzuschreiben, was man praktisch tun kann, und zwar grundsätzlich tun kann. Das Kondensat kann ich aufschreiben. Das können nicht viele Menschen. Sie können darüber reden, was sie tun. Es aber so aufzuschreiben oder so festzuhalten, dass auch andere Menschen das verstehen können und damit arbeiten können, das ist eine Fähigkeit, die ich bei uns einbringe.

Ariel: Was verbindet euch?

Ingo: Wir haben eine tiefe emotionale Verbindung zueinander – und eine hohe emotionale Reflexionsfähigkeit. Wir thematisieren uns selbst beinahe täglich mit dem, wie es uns geht. Wir gehen gemeinsam den Dingen emotional-motivational auf den Grund und beschäftigen uns mit unseren Begrenzungen und Entwicklungsaufgaben.

Johanna: Auf der anderen Seite führen wir fast täglich politische oder philosophische Diskussionen. Nicht, dass einer Hegel oder Kant zitiert, aber wir fragen: Wie kommt es eigentlich, dass die Wahrheit so unter die Räder gekommen ist, dass hier so eine Beliebigkeit entstanden ist? Dann stößt einer auf einen Artikel zu dem Thema und liest ihn vor, und wir unterhalten uns darüber, warum Wahrheit gesellschaftlich konstituiert ist, und so weiter. Und wir empfinden es als Privileg, genießen es und sind dankbar dafür, dass wir diese Gespräche dann einfließen lassen können in unsere Coaching-Ausbildungen und unsere Coachings und jetzt in dieses Buch.

Ariel: Streitet ihr euch manchmal?

Johanna & Ingo: Ja.

Johanna: Und das ist auch wichtig. Es ist wichtig, dass wir uns gegenseitig hinterfragen. Streit im besten Sinne heißt ja, sich auseinanderzusetzen, zu ringen um die beste Position. Wichtig ist dabei eine gute Streitkultur, es darf nicht in eine Entwertung münden, uns ist wichtig, das Ziel der gemeinsamen Entwicklung nicht aus den Augen zu verlieren.

Ariel: Warum habt ihr gerade mich an Bord geholt?

Johanna: Weil du scharfsinnig bist, dich mit Coaching aus-kennst, mitten im Leben stehst und schnell und analytisch denkst. Ich fühle mich sehr verstanden von dir und gleichzeitig hinterfragt.

Ingo: Auch mir gefällt dieses Hinterfragen. So sind auch die Auseinandersetzungen zwischen Johanna und mir. Wir hinterfragen da sehr viel beim anderen und jeder auch bei sich selbst, und das bringst du auch mit.

Johanna: Magst du dich auch kurz vorstellen, lieber Ariel?

Ariel: Gern. Ich bin mit Leib und Seele Journalist, seit ich mit 14 bei der Schülerzeitung meine ersten Texte geschrieben habe. Es folgten ein geisteswissenschaftliches Studium, der Besuch der Hamburger Journalistenschule, fünf Jahre als freier Reporter, in denen ich viel im Ausland unterwegs war, dann wurde ich Redak-teur bei GEO. Jahrelang ging es bergauf. Doch dann steckte ich in der klassischen Midlife-Crisis: Ich war 43 Jahre alt, Redakteur bei einem großen Magazin, hatte zwei wunderbare Söhne und eine genauso wunderbare Frau – und war ziemlich unglücklich. Der Job langweilte mich, meine Ehe war zu Ende. Ich suchte nach etwas Neuem. Das Thema Coaching fand ich interessant, war-um nicht eine Ausbildung machen? Also habe ich recherchiert, welche Anbieter es in Hamburg gibt, und war gleich angetan, als ich eure Website entdeckte. Ich mochte, wie zurückgenommen, seriös, analytisch ihr euch präsentiert habt, ganz anders als das Marktschreierische, das mir anderswo begegnete.

Ingo: Vielen Dank.

Ariel: Ich habe also die einjährige Ausbildung bei euch gemacht, habe viel gelernt – aber nicht einen Tag als Coach gearbeitet. Weil ich, wohl auch dank der Coaching-Ausbildung, doch wieder Gefallen fand an meinem Beruf, erst zu einem journalistischen Start-up nach Berlin wechselte, dann zu einem anderen nach Zürich. 2020 habe ich dann wohl meine Berufung gefunden. Ich habe schon immer gern junge Kolleginnen und Kollegen geschult, in Workshops, an Unis, in Redaktionen. Damals bot mir ein Kollege an, zusammen mit ihm eine Journalistenschule zu leiten, die kleine feine Reportageschule in Reutlingen. Dort bilde ich nun jedes Jahr zwölf junge Kolleginnen und Kollegen aus. Etwas, das mir unglaublich viel Freude bereitet. Und nebenher schreibe ich Sachbücher.

Ingo: Aber dann arbeitest du doch täglich als Coach.

Ariel: Einerseits stimmt das tatsächlich, wir haben Coaching-Module in unserem Curriculum, vor allem Visionscoaching, auf unserer Website steht dazu: „Was sind meine Stärken? Für was brenne ich? Wie kann ich beides, mein Talent und mein Feuer, verschmelzen zu einer Vision für meine Karriere?" Aber das ist nur ein Modul, vor allem vermitteln wir das journalistische Handwerk. Wobei mir in meiner Rolle als Schulleiter, wenn ich das selbstkritisch anmerken darf, anfangs immer wieder mein Temperament in die Quere gekommen ist. Ich bin ein Bauchmensch und direkt, manchmal zu direkt. „Erst fragen, dann sagen" habe ich bei euch in der Ausbildung gelernt, es aber im Schulalltag mehrfach vergessen und einfach losgepoltert, die Schülerinnen und Schüler sehr unpädagogisch vor den Kopf gestoßen. Mittlerweile gelingt es mir viel besser, sie zu sehen, sie zu verstehen, sie zu fördern.

Ingo: Und bist damit mitten in der reflexiven Emotionalität, wie wir sagen würden. Du nimmst wahr, was gewisse Konflikte in dir auslösen, wie vehement du reagierst, wie wichtig es ist, darauf rollen- und kontextangemessen zu reagieren. Das ist, ehrlich gesagt, eine hohe Kunst. Daran kann man schon mal lebenslang arbeiten. Nur weil man in einer Rolle besonnen handelt, heißt es nicht, dass man es in einer anderen Rolle auch automatisch hinkriegt.

Ariel: Jedenfalls habe ich mich sehr gefreut, als ihr mich vor einigen Monaten eingeladen habt, dieses Buch gemeinsam mit euch zu schreiben. Und da sind wir nun. Dezember 2022, draußen nieselt es, wir sitzen an einem Konferenztisch in eurem Büro, es gibt Kaffee, Student:innenfutter und dunkle, 80-prozentige Schokolade. Und die nächste Frage liegt auf der Hand: Was ist Prozessbegleitung, und warum genügt sie nicht?

Warum reine Prozessbegleitung ein Holzweg ist

Ingo: Ich beginne mal. Die meisten Coaches arbeiten heute prozessbegleitend. Das ist einerseits gut und richtig. Ein Coach ist auch danach zu beurteilen, wie gut er die reflexiven Methoden aus „Counseling & Psychotherapy" einsetzt, die seit den 1990er-Jahren ins Coaching eingeflossen sind. Wie sauber er einen inneren Klärungs- und Lösungsprozess begleiten kann, sodass der Coachee sich selbst finden und viable, realitätstaugliche Handlungsmöglichkeiten entwickeln kann.

Ariel: Kurzer Einschub – wie gehen wir eigentlich mit dem Thema Gendern um?

Ingo: Wie wäre es, wenn Johanna ab jetzt in der weiblichen Form spricht, ich in der männlichen?

Ariel: Gute Idee!

Johanna: In der Prozessbegleitung geht man davon aus, dass die Coachee die Lösung in sich trägt oder im dialogischen Miteinander aus sich heraus entwickeln kann. Meine Aufgabe als prozessbegleitende Coachende besteht darin, den Klärungs- und Lösungsfindungsprozess zu ermöglichen und zu begleiten. Damit der Coachee die eigenen Lösungsansätze zugänglich werden.

Ariel: Wo ist prozessbegleitendes Arbeiten sinnvoll?

Ingo: Überall dort, wo innere Klärungsprozesse tiefgehend bearbeitet werden. Und auf der Mitarbeiterebene. Schließlich hat es stark wertschätzende Anteile, es hilft Menschen, die nicht mit sich im Reinen sind, die sich selbst nicht annehmen, in ihre eigene Klarheit zu finden und zu dem zu stehen, wie sie fühlen, was sie denken, wie sie sind, was sie tun können.

Ariel: Aber es reicht nicht, sagt ihr.

Johanna: Prozessbegleitung ist einfach zu wenig für Coachees, die überlegen müssen, wie ihr Unternehmen das nächste Jahr übersteht. Sie wollen nicht gefragt werden, wie sie diesen Prozess innerlich erleben, das wissen sie nämlich schon. Sie wollen einen Weg, eine Lösung, ein paar Optionen, sie wollen ihren Möglichkeitsraum erweitern.

Ingo: Immer wieder gibt es jedoch Situationen, in denen der Coachee nicht weiterweiß, in einer Sackgasse steckt, er diese eine Situation noch nicht erfahren hat. Entweder weil der Coachee so etwas einfach noch nicht erlebt hat, noch nicht einmal so was Ähnliches. Oder aber, was viel häufiger passiert, die gesamte Organisation befindet sich sozusagen an der Front der Erfahrungsgewinnung. Hier muss erst mal durch das Abwägen unterschiedlicher Positionen beziehungsweise Handlungsmöglichkeiten – von Wahrnehmungen wie Urteilen – herausgefunden werden, was eigentlich los ist und was man machen kann. Wir nennen das co-kreatives Optionen-Schaukeln.

Johanna: Wenn wir ausschließlich Prozessbegleitung praktizieren, ohne uns zu positionieren und als Sparringspartner anzubieten, dann reproduzieren wir blind die Unternehmenswirklichkeit, aus der unsere Coachees oft stammen. Viele Führungskräfte und Manager haben niemanden in ihrem beruflichen Umfeld, der ihnen ehrlich die Meinung sagt oder auch mal die Stirn bietet. Sich anders positioniert, als sie es erwarten. Ist ja auch verständlich. Welcher Mitarbeitende hat denn den Mut, sich in einer asymmetrischen Machtbeziehung so zu positionieren, dass es ihn Kopf und Kragen kosten könnte?

Ein ausschließlich prozessbegleitend arbeitender Coach reproduziert Unternehmenskulturen, wo keiner den Mund aufmacht. Entweder weil alle so nett zueinander sind oder weil sich wirklich keiner mehr traut. Und dann gehen die Führungskräfte zu einem Coach und haben wieder jemanden vor sich, der ihnen nicht seine Meinung zur Verfügung stellt, sondern nur Fragen stellt? Die Positionslosigkeit der Organisation wird übertragen auf den Coach, der dann erwartungskonform reagiert – und ebenfalls keine Position einnimmt.

Ingo: Wenn ich einmal kurz an die Historie dieser Denkschule erinnern darf: Diese Coaches orientieren sich an der Abstinenzregel Sigmund Freuds, erstmals 1915 in seinem Aufsatz „Bemerkungen über die Übertragungsliebe" formuliert, die die Arbeit mit Übertragung und Gegenübertragung erst möglich macht. An dem Konzept von Prozessbegleitung, wie Kurt Lewin es 1948 in seinem Buch „Resolving Social Conflicts" formuliert hat. An der von Carl Rogers begründeten non-direktiven Gesprächsführung in der klientenzentrierten Arbeit, 1942 in seinem Buch „Counseling and Psychotherapy" ausbuchstabiert. Was dann von Edgar Schein unter dem Begriff Prozessberatung auf die Organisationsberatung übertragen wurde, 1969 in „Process Consultation: Its Role in Organization Development", und in jüngerer Zeit vom systemischen Coaching übernommen wurde. Da ist Sonja Radatz zu nennen, die 2000 das Buch „Beratung ohne Ratschlag" publizierte.

Johanna: Der Begründer der Prozessbegleitung, Kurt Lewin, hat seine Methode antiautoritär und beteiligungsorientiert angelegt. Man spürt in seinen Veröffentlichungen auf Schritt und Tritt, wie sehr Lewin als in die USA emigrierter Jude noch unter dem Eindruck des Zweiten Weltkrieges stand. Prozessbegleitendes Arbeiten ist dort sinnvoll, wo es ein Machtgefälle gibt, sei es durch Hierarchie oder Expertentum. Dort wird nun eine Symmetrie auf der Beziehungsebene hergestellt, sodass sich die Coachende und die Coachee auf Augenhöhe begegnen und sich Letztere wertgeschätzt fühlt, öffnet und Vertrauen fasst.

Ingo: Und wir mögen die Art und Weise, wie er das Prinzip der Prozessbegleitung bei der Lösung eines innerbetrieblichen Konfliktes beschrieben hat: nämlich in einer Mischung aus „Tatsachen finden" und Bearbeitung der Psychodynamik des Einzelnen beziehungsweise der Soziodynamik der Gruppe. Zunächst also gilt es herauszufinden: Wer hat was gesagt? In welcher Reihenfolge ist was passiert? Wie ist etwas zu verstehen? Ist ein Prozess so üblich oder gar dokumentiert? Gehört ein Verhalten zur Rolle dazu? Wie ist die Organisation drum herum gebaut? Wie fühlt sich jemand mit alldem, und welche Handlungsimpulse werden getriggert? Was passiert innerlich beim Einzelnen, welche Konflikte in der Gruppe entstehen daraus, und auf welche Sachgegenstände sind diese bezogen?

Sich auf diese Weise zusammen mit dem Coachee in einem Dreieck aus objektiver, subjektiver und sozialer Welt zu bewegen ist im Grunde ein Programm für „Coaching bis in alle Ewigkeit".

Ariel: Und das kann es nicht sein, sagt ihr. Weil eine Coachende heute effizient sein muss, weil die Coachee rasch neue Lösungen und Handlungsstrategien für ihr Arbeits-Leben benötigt.

Darf ich an dieser Stelle bemerken, dass mich das Gendern im Text ein wenig ablenkt? Sollen wir der Lesbarkeit wegen nicht doch beim generischen Maskulinum bleiben?

Johanna: Ich bin dabei. Lesbarkeit vor Genum-Purzelbäumen.

Ariel: Lasst uns gern kurz noch einmal einen Schritt zurücktreten. Schon im Untertitel des Buches ist von „co-kreativem Coaching" die Rede. Was meint ihr damit?

Was wir meinen, wenn wir Coaching sagen

Johanna: Machen wir. Ein Gedanke vorab: Grundsätzlich ist es ja ganz wunderbar, dass man heute für überschaubares Geld einen professionellen Coach engagieren kann. Wer sich früher besser kennenlernen, die eigene Identität erforschen oder sein Verhalten hinterfragen wollte, konnte eine Nacht lang mit einer Freundin mehrere Flaschen Rotwein leeren, zu einem Priester gehen und sich die Beichte abnehmen lassen oder eine Therapie beginnen. Heute können „normale", gesunde Menschen ein Coaching durchlaufen, um sich selbst in der Tiefe zu erkunden und herauszufinden, wie es weitergeht im Leben und Arbeiten. Ist das nicht wunderbar? Was für ein Fortschritt!

Ariel: Absolut! Zumal dich eine durchzechte Nacht ja oft nur scheinbar nach vorn bringt, du die Hälfte des so grandios Erkannten am nächsten Morgen meist vergessen hast und du zumindest körperlich gehörig zurückgeworfen wirst. Noch mal nüchtern, Zwinkersmiley: Was versteht ihr unter Coaching?

Johanna: Coaching stärkt Menschen in ihren Rollen mitten in ihrem Aktionsfeld. Alle anderen Formate – Training, Schulung, Therapie – passieren in einer Lernschleife abseits des Realgeschehens. Anders gesagt: Im Coaching kann sich ein Coachee erstens als Person und in seiner Rolle reflektieren. Wird zweitens befähigt, Dinge anders wahrzunehmen oder anzugehen, ganz nah am Anliegen und der Situation, in der er sich befindet. Und drittens kann ein Coachee sich im Coaching ausprobieren, sein

Verhalten erproben. Damit sich das Gelernte und Entwickelte im eigenen Arbeits-Leben unmittelbar auswirkt.

Ingo: Im Coaching schauen wir uns an, was da los ist im Leben und Arbeiten des Coachees, beide, Coach wie Coachee, nehmen intensiv Kontakt auf mit der Lage, in der sich der Coachee befindet, der Coach lässt zu, dass sich die Situation einschließlich der Gefühle, Phantasien, Grund- und Glaubenssätze und so weiter vollständig an ihn überträgt. Wir werden später auf diesen Aspekt sicher noch einmal zurückkommen.

Und: Coaching ist ein Reflexionsprozess. Ich denke über mich, meine Rolle, mein Handeln, meine Situation nach, fühle in mich hinein, schaue wie ein Beobachter auf mich in meinem Kontext. Das mache ich aber nicht allein für mich, wie ein Asket in der Berghöhle, sondern es passiert im Dialog mit meinem Coach. Coaching ist also dialogisch.

Johanna: Coaching heißt also: reflektieren, erproben, ausprobieren. Wenn ich beispielsweise mit meinem Coachee reflektiert habe, wie er seine Mitarbeitergespräche geführt hat und demnächst führen will, dann kommt im Coaching immer der Moment, in dem ich sage: „So, meine liebe Führungskraft, jetzt stell dir mal vor, ich bin dein Mitarbeiter. Wir sitzen also Montag um 10 Uhr im Meetingraum, jetzt leg mal los: Wie eröffnest du das Gespräch? Oder: Wie genau sprichst du deine Kritik aus? Mach mal vor!" Und plötzlich landen wir beide in der Situation, das Mitarbeitergespräch durchzuspielen. Man nennt das auch Face-to-Face-Inszenierung oder Simulation der Realsituation. Dann gibt es Feedback von mir als Coach, Know-how, das der Coachee benötigt, zum Beispiel weil er noch nicht richtig Ich-Botschaften formulieren kann. Und weiter geht's mit dem Ausprobieren.

Ariel: Co-kreativ nennt ihr euer Coaching. Warum liegt der Begriff euch am Herzen?

Ingo: Weil er haargenau das trifft, was wir machen. Co-kreativ meint das gemeinschaftliche Suchen nach Lösungen, das gemeinsame Zusammenwirken an der Sache, sodass eine Synergie entsteht, aus der Neues oder ganz anderes erwächst. Meint: gemeinschaftlich nach Erklärungen, Lösungen und Strategien suchen, sich gegenseitig inspirieren, sich gegenseitig durchweben mit Sichtweisen und Veränderungsmöglichkeiten. Ein Coachee ist plötzlich nicht mehr allein mit seinem Problem oder seiner Herausforderung, er hat ein „dialogisches Wesen" an seiner Seite, mit dem er sich gemeinsam einer Situation stellen kann. Ein Coach wiederum, der co-kreativ arbeitet, verändert sich genauso wie der Coachee, er geht aus einem co-kreativen Dialog nicht so heraus, wie er hineingegangen ist. Er hat sich ebenfalls weiterentwickelt.

Wir erklären die Arbeit mit co-kreativen Suchprozessen in unseren Ausbildungsgruppen immer gern anhand einer veränderten Sitzposition. Während wir aus Counseling & Psychotherapy die V-Sitzposition von Therapeut und Klient kennen – Therapeut und Klient sitzen einander über Eck gegenüber –, sind co-kreative Suchprozesse dadurch gekennzeichnet, dass Coach und Coachee sinnbildlich nebeneinander sitzen und in die gleiche Richtung schauen: Hier sind wir, gemeinsam, und dort drüben ist die Lösung oder die Handlungsstrategie, die wir suchen.

Johanna: Übrigens gebührt dem schon erwähnten Carl Rogers das Verdienst, die Klienten aus der Kinderperspektive des Liegens in die Erwachsenenperspektive des Sitzens geholt zu haben. In der klassischen Psychoanalyse liegt der Patient bis heute auf einem Diwan, einer Couch, einer Liege, den Kopf an die Decke gerichtet, frei assoziierend, während der Therapeut mit Zettel und Stift am Kopfende sitzt und das assoziierte Material deutet. Rogers hat hingegen die Vogel-V-Sitzposition in Beratung und Therapie etabliert: Therapeut und Klient sitzen einander schräg gegenüber auf gleich hohen Stühlen, sodass zwischen ihnen ein V entsteht.

Dies hat den Vorteil, dass ein Blickkontakt möglich, aber nicht zwingend ist, der Klient kann den Therapeuten anschauen und umgekehrt, aber der Klient kann auch den Blick frei in den Raum schweifen lassen, in sich gehen und frei assoziieren, während der Therapeut auch die mikromimisch transportierten Gefühlsregungen wahrnehmen kann. Rogers war es übrigens auch, der den Begriff „Klient" statt Patient in unsere Arbeit eingeführt hat.

Und im co-kreativen Arbeiten sitzen wir nun sinnbildlich nebeneinander und schauen auf die Realität. Wir sind Seite an Seite, gemeinsam *in* der Situation. Wir beziehen Stellung, wir arbeiten uns *gemeinsam* voran, um zu begreifen, zu erkennen und zu benennen, was da abläuft. Und wir schauen dann auch *gemeinsam*, welche Handlungsmöglichkeiten es gibt, welche Strategien und Vorgehensweisen, wie sie sich in dem betrachteten Milieu in die Tat umsetzen lassen können.

Ingo: Und wir verlegen uns nicht nur aufs Fragen, sondern genauso auch aufs Sagen. Allerdings immer: erst fragen, dann sagen. Erst die Position des Coachees herausarbeiten, dann mich mit meiner eigenen Position, die mich als Mensch zutiefst berührt und ausmacht, zu der Angelegenheit zeigen.

Johanna: Ich muss dabei immer an einen Satz der bekannten amerikanischen Psychiaterin Jean Shinoda Bolen denken, den sie in einem Buch über Therapie mit todkranken Patienten geschrieben hat. Wartet mal ... (steht auf) ... hier, ich mach ja immer kleine Post-its da rein, was ich noch mal verwenden will: „In der ersten Zeit nach der Eröffnung meiner Privatpraxis waren diese um ihr Leben ringenden Menschen meine Patienten und meine Lehrer. Ich ging mit ihnen Ich-du-Verhältnisse ein und führte Gespräche über die Themen Leben und Sterben. Ich gab die übliche neutrale Haltung der Psychiatrie auf, die vorgibt, ein ‚leeres Blatt' zu sein, das nur reflektiert, was der Patient von sich gibt. In diesen Gesprächen befand ich mich intuitiv auf der Seelenebene – weit über das hinaus, was das Ego weiß und definieren kann –, und die Patienten erkannten, dass hier die Wahrheit gesprochen wurde. Wenn das Leben eines anderen Menschen auf dem Spiel steht, können nur Ehrlichkeit und aufrichtige Hoffnung etwas ausrichten."

Ingo: Wir gehen überall dort im Coaching, wo wir die reine Begleitung innerer Klärungs- und Entwicklungsprozesse transzendieren, authentische Ich-du-Beziehungen ein, bei denen die Behandlung von Menschen mit irgendwelchen Tools in den Hintergrund rückt. Wir befinden uns hier in einer Gefährtenschaft mit unserem Coachee. *Companionship* kennzeichnet die Beziehung des Coaches zum Coachee, nicht nur Relationship, Working Alliance oder Process Consultation.

Johanna: Eine Schlüsselqualifikation eines Coaches ist es, sich mit Haut und Haaren mental in die persönliche, rollenbedingte, soziale, organisationale Situation des Coachees hineinbegeben zu können, diese auf sich einwirken zu lassen und sich dann die Frage zu stellen: Wie würde *ich* diese Situation eigentlich erleben? Wie würde *ich* in dieser Situation eigentlich handeln? Um dann diese Wahrnehmungen, diese Erkenntnisse, die dadurch entstehenden Positionen dem Coachee wohldosiert *zur Verfügung* zu stellen.

Ingo: Zur Verfügung stellen heißt nicht, zu missionieren und den Coachee dazu zu bringen, dass er oder sie es genauso sieht und macht wie ich. Unabhängigkeit, Integrität und Selbstverantwortlichkeit des Coachees bleiben ein hohes Gut. Zur Verfügung stellen heißt, Positionen mitteilen, *miteinander teilen*, um dann neugierig zu sein und interessiert zu verfolgen, was diese Positionen an Reflexionen, inneren Entwicklungen, Handlungsimpulsen im Coachee auslösen. Wir sind dadurch im Coaching unheimlich nah dran *an*, eigentlich zusammen mit dem Coachee *in* der Realsituation. Wie gesagt: Es gibt kein Format, das Menschen in ihren Rollen mitten in ihrem Aktionsfeld in der Arbeitswelt entwickelt, außer Coaching.

Ariel: Gefährten auf Augenhöhe zu sein – das ist euch wichtig?

Johanna: Ja, das könnte man sagen, Coaching ist wie eine temporäre Gefährtenschaft. Coaching ist, frei nach Habermas, ein herrschaftsfreier Diskurs. Der Coach ist unabhängig und frei, seine Existenz hängt nicht an dem, was er sagt. Und das gilt auch für den Coachee. Er muss sich nichts sagen lassen, sein einziges Machtmittel: Adieu zu sagen, sich aus dem Coaching zu verabschieden. Im Idealfall vertrauen Coach und Coachee einander. Sie reden auf Augenhöhe miteinander. Keiner ist dem anderen übergeordnet, keiner hat Macht über den anderen. Das ist ein wesentliches Merkmal der Coach-Coachee-Beziehung. Gerade darum kann und soll ein Coach seine Meinung sagen, unterschiedliche Positionen einnehmen, verborgene, dem Coachee vielleicht nicht bewusste Prinzipien darin aufdecken. Darf widersprechen und Widersprüche aufdecken. Dafür ist der Coach zuständig.

Ariel: Ich lese mal vor, was in eurem Leitbild unter Connecting People and Opposites steht: „Die Verbindung von unbedingter Würdigung und konsequenter Ergebnisorientierung charakterisiert uns als Führungskräfte, Coaches, Trainer, Ausbilder und Supervisoren. Coaching heißt: fragen und sagen, begleiten und streiten, sich interessieren und sich zeigen, reflektieren und positionieren, moderieren und qualifizieren, folgen und führen."

Johanna: Ein Coach füllt die Leerstelle in den Machtbeziehungen. In unserer modernen, digitalen Welt, die sich fortwährend dynamisch ändert, sollten wir lernen, universeller in Widersprüchen zu denken, zu fühlen, zu handeln. Ich mag meine Mitarbeiter, aber ich habe die Verantwortung für Ergebnisse und mute ihnen etwas zu. Soll heißen: Ich würdige deine Erschöpfung, aber diese Aufgabe muss heute fertig werden. Mach zwei Stunden Pause, und greif es dann wieder auf. Darum ist eine Schlüsselfunktion von Coaching heute, ein funktionsfähiges Widerspruchsmanagement zu bieten. Anstatt sich viel zu rasch auf eine Seite zu schlagen. Ein Coach sollte unbedingte Würdigung und Wertschätzung mit konsequenter Ergebnisorientierung verbinden.

Ingo: Coaching heißt in unserer heutigen Welt: an der Seite der Menschen zu stehen, während sie in Widersprüchen handeln. Heißt: Spannungen zwischen gegensätzlichen Polen körperlich wahrzunehmen, emotional zu verarbeiten und handelnd zu lösen. Heißt auch: gemeinsam zu suchen nach der Verbindung von Humanität und Produktivität, von Professionalität und Menschlichkeit, von Leistungswillen und Gesundheit, Eigensinn und Gemeinsinn.

Johanna: Heißt: Person und Funktion, Mensch und Rolle gerecht zu werden. Tiefe mit Pragmatismus, Psychologie mit wirtschaftlichem Denken zu verbinden, die Psychologie auf professionelle Weise ins Unternehmen zu tragen, um Ziele in Erreichbares zu verwandeln. Heißt: Man muss den Humanismus im Herzen haben, aber die Produktivität in der Hand.

Ariel: Das klingt alles sehr idealistisch und edel. Aber ihr werdet in eurem Alltag doch auch jene Managerinnen und Manager sitzen haben, die Dutzende, wenn nicht Hunderte Leute vor die Tür setzen, vielleicht weil es nicht anders geht, vielleicht weil sie den Aktienkurs nach oben treiben oder die Bilanz für einen Investor polieren wollen.

Ingo: Man muss den Humanismus im Herzen haben, aber die Produktivität in der Hand. In kapitalistischen Wettbewerbsstrukturen steht Humanität in einem immerwährenden Spannungsverhältnis zur Produktivität. Und die kann den Postulaten des

Humanismus sogar für lange Zeit diametral entgegenstehen. Wir kommen nicht umhin zu lernen, dass sich die Form unseres Handelns von den Inhalten, den Prinzipien unseres Handelns unterscheiden kann. Und dass die Bedeutung, der Geist unseres Handelns komplett widersprüchlich aufgeladen werden kann. Man kann uns dann mit Recht Unmenschlichkeit vorwerfen; während wir 500 Mitarbeiter unseres Unternehmens entlassen und sie in existenzgefährdende Lage bringen, gelingt es uns, ebendieses Unternehmen und damit Tausende von Arbeitsplätzen zu retten. Wer führt, wird immer wieder in Situationen geraten, in denen er in seiner Rolle etwas macht, das für ihn als Mensch eigentlich nicht infrage kommt.

Ariel: Jetzt nehmt ihr aber noch mal richtig Fahrt auf. Und was bewirkt das Einnehmen einer anderen, womöglich gegensätzlichen Position im Coaching beim Coachee?

Johanna: Es konfrontiert, stellt infrage und macht den Weg frei, jenseits von Position und Non-Position beziehungsweise jenseits von Position und Anti-Position etwas ganz anderes, etwas Neues zu erkennen, zu finden, mental zu explorieren. Allerdings nicht formal irgendetwas beliebig Neues, sondern inhaltlich konkret an realistischen Positionen in realen Möglichkeitsräumen. Wir experimentieren mit Wahrheit, mit dem, was wahr ist, was wahrhaftig ist oder sein kann, anstatt mit beliebigen Wirklichkeitskonstruktionen.

Ariel: Womit wir wieder beim Kernthema dieses Buches sind.

Was ist Positionierung?

Ariel: Was meint ihr, wenn ihr von Positionierung im Coaching redet?

Ingo: Positionierung im Coaching meint, dem Coachee einen Standpunkt zur Verfügung zu stellen. Und zwar so, dass Reflexionsprozesse und Verhaltensänderungen beziehungsweise Handlungsmöglichkeiten ausgelöst werden, sodass jemand neu über sich nachdenkt oder nachfühlt und am Ende sein Verhalten ändert. Selbst dann, wenn jemand in komplizierten Situationen steckt, entdeckt er, entdeckt sie andere Handlungsmöglichkeiten.

Johanna: Um es mit Jürgen Habermas zu sagen: Es geht darum, sich selbst zu verorten in einer Auffassung der objektiven Wirklichkeit („Was ich für wahr oder richtig halte"), der sozialen Realität („Was ich im Umgang miteinander für angemessen halte") oder des subjektiven Erlebens („Was ich im Erleben für zutreffend oder wahrhaftig halte").

Ingo: In meinen Positionen stecken meine Grundprinzipien, überdauernde Werte und Haltungen, meine Einstellungen. Deshalb entfalten Positionen im Dialog eine emotional-motivationale Bedeutung und Wirkung. Sie berühren und spornen an.

Johanna: Positionierung ist eine Mischung aus Wahrnehmung und Urteilsbildung gegenüber den Vorgängen um uns herum – innerhalb der objektiven, der sozialen oder subjektiven Lebenswelt eines Menschen. Wahrnehmung leitet sich ab von „wahr", ich nehme etwas für „wahr" im ureigenen Wortsinn. Urteilsbildung meint, etwas als Tatsache einzuordnen, als Grundlage eines vernunftgegründeten Handelns. Beispiel: „Die Ampel ist grün" bedeutet, sie ist nicht rot, sie ist tatsächlich grün, und es ist erlaubt loszufahren. Das mag banal klingen, aber dahinter verbirgt sich ein philosophischer Dissens: Die Gemeinde der Konstruktivisten zweifelt das an. Wir werden sicher auch darauf zurückkommen.

Johanna: Positionieren heißt auch, wohlwollend zu konfrontieren. Indem wir übertreiben, gegen den Strich bürsten, die Rolle als Agent Provocateur oder Advocatus Diaboli einnehmen. Vor allem aber dadurch, dass wir eigene kontroverse Positionen entwickeln und dem Coachee zur Verfügung stellen. Dies stärkt das Urteilsvermögen von Coachee und Coach. Das Urteilsvermögen ist die zentrale personale Kompetenz im Coaching; während das Wahrnehmungsvermögen die wichtigste personale Kompetenz in der Psychotherapie ist.

Ingo: Also, nachdem wir die Wahrnehmungsposition und mindestens eine Position zur Handlungsweise des Coachees herausgearbeitet haben, stellen wir nun unsere Position oder unsere Positionen zur Verfügung. Wir mögen die Formulierung „zur Verfügung stellen". Nehmen muss der Coachee sie schon selbst.

Ariel: Und wozu soll das gut sein?

Ingo: Das Ziel der Positionierung im Coaching besteht darin, Meinungsbildung zu betreiben, das heißt die Positionsfindung des Coachees zu unterstützen, Risiken beziehungsweise mögliche Negativeffekte einer Vorgehensweise zu thematisieren und die Ausbildung einer klaren Rolle und standfesten Haltung zu befördern. Das Ziel besteht nicht darin, recht zu haben oder es besser zu können und zu missionieren. Das Ziel ist allerdings auch nicht, sich als Coach vor einer klaren Positionierung zu drücken beziehungsweise so lange zu warten, bis sie nicht mehr angebracht erscheint.

Ariel: Meint, dass ein sich positionierender Coach, anders als vielleicht ein Unternehmensberater, nicht darauf besteht, dass der Coachee seine Sichtweise, Empfehlung, Vorgehensweise übernimmt.

Ingo: Genau. Wenn ich den Coachee mit meiner Position konfrontiere, gibt es drei Möglichkeiten: Entweder meine Wahrnehmung der Situation oder mein Urteil dazu, wie man die lösen könnte, stellt den Coachee so sehr infrage, dass er sagt: „So sehen Sie das? Ist ja ein Ding. Also dann muss ich noch mal von vorne darüber nachdenken, wie ich das machen will. So wie wir das hier gerade für mich herausgearbeitet haben, passt das ja gar nicht!"

Ariel: Oder?

Johanna: Oder der Coachee sagt: „Also, Frau Steinke, das können Sie ja bei sich da in Ihrer Coaching Company, oder wo auch immer Sie wollen, so machen. Für mich kommt das überhaupt nicht infrage." Mit anderen Worten, der Coachee fühlt sich – im Unterschied zu meiner Herangehensweise als Coachende – gestärkt und bestätigt. Stärkung und Bestätigung kann grundsätzlich von großer Bedeutung im Coaching sein, denn viele Coachees halten sich in einem kritischen Unternehmensumfeld auf, und da hilft Bestätigung, sich in seinen eigenen Positionen zu finden und zu ihnen zu stehen.

Ingo: Oder der Coachee sagt: „Na ja, also diese eine Geschichte da, die kommt für mich überhaupt nicht infrage. Wenn Sie das bei uns machen, dann sind Sie sofort outphased. Aber diese andere Sache, die Sie da sagen, die finde ich interessant. Da möchte ich mal entwickeln, wie ich das in meinem Fall umsetzen kann." Das heißt, der Coachee nimmt sich, was er gebrauchen kann, und adaptiert es für seine Vorgehensweise.

Ariel: Man lehnt sich als Coach also weit aus dem Fenster. Es kann ja sein, dass ich mich mit meiner Position disqualifiziere.

Johanna: Ja, das braucht Mut. Genauso wie wir nicht selten im Team-Coaching in höchst heiklen gruppendynamischen Situationen Dinge aussprechen, die unerhört, ungeheuerlich sind. Man steht als Coach dann innerlich am Abgrund – ohne zu wissen, wie es gleich weitergeht, also ob es mit dem nächsten Schritt noch ein wenig am Abgrund entlanggeht oder mitten hinein.

Ariel: Hoffentlich nicht. Und wegen dieses Balanceakts kommen viele Menschen ins Coaching?

Ingo: Ja, denn hier haben sie einen unabhängigen Reflexionspartner. Jemanden, der sich in keinem nennenswerten Abhängigkeitsverhältnis zu ihnen befindet, der ihre Macht nicht fürchten muss. Jemand, der unbeschadet Farbe bekennen kann. Jemand, der keine eigenen instrumentellen Interessen innerhalb ihrer Organisation oder Familie verfolgt. Dessen Positionen aus sich heraus, aus inhaltlichen oder fachlichen oder moralischen Erwägungen heraus entstehen, im ehrlichen Bemühen um das, was für wahr und richtig gehalten wird. Und sonst nichts. Das macht das Instrument des Positionierens so wirkungsvoll.

Johanna: Wenn du dich gekonnt positionierst, kannst du fast körperlich spüren, wie sich die Arbeitsatmosphäre elektrisiert, energetisch auflädt. Die Pupillen deines Gegenübers weiten sich, die Gesichtsfarbe verändert sich, ich bin sicher, der Blutdruck steigt – das wäre mal eine eigene Biofeedback-Untersuchung wert –, die Aufmerksamkeit weitet sich. Du merkst förmlich, wie sich kognitive und emotionale Zentren im Gehirn miteinander vernetzen, der Moment, wo Erkenntnisse sich auch in tieferen emotionalen Schichten verankern und so nachhaltig handlungsleitend werden können.

Ariel: I can feel it. Aber wie kommt ihr darauf, dass eure Coachees so was wollen?

Ingo: Es ist die ständige Nachfrage: Herr Steinke, wie würden Sie das denn machen? Was würden Sie denn an meiner Stelle tun? Haben Sie das schon mal erlebt? Und wie haben Sie das dann gelöst? Jeder professionell arbeitende Coach weiß dann: Dies ist jetzt ein entscheidender Moment. Der innere Suchprozess des Coachees läuft auf Hochtouren. Es ist klar, jetzt gehen wir noch nicht in die Offensive und sagen nicht: Ja, also, das ist doch klar! Sie müssen erstens, Sie müssen zweitens, Sie müssen drittens, und dann wird das schon werden. Oder: Ja, wissen Sie, das ist eine typische Situation, in die Führungskräfte geraten können. Da kommt man folgendermaßen wieder heraus: ...

Ariel: Sondern?

Johanna: Sondern erst fragen, dann sagen. Erst begleiten, dann streiten. Erst reflektieren, dann sich positionieren. Erst sich interessieren, dann sich zeigen. Selbstverständlich operieren wir hier zunächst nach allen Regeln der Kunst der Prozessbegleitung, das heißt der professionellen Beförderung und Begleitung des inneren Klärungs- und Suchprozesses des Coachees.

Ingo: Wir fragen uns zum Beispiel laut: Tja, wie würde ich das eigentlich machen? Oder sagen: Bevor ich Ihnen erläutere, was ich tun würde, möchte ich mit Ihnen herausarbeiten: Was ist Ihnen wichtig? Worum geht es Ihnen persönlich, unabhängig von dem, was andere tun oder sagen würden? Wie können wir die Lage, in der Sie sich befinden, eigentlich begreifen und bezeichnen? Ich kann auch mit einer Gegenfrage reagieren: Mich interessiert vielmehr, wie könnten Sie die Sache angehen, wie wollen Sie damit umgehen, dabei vorgehen? Wir erarbeiten also zunächst aus der Sicht unseres Coachees alle Möglichkeiten.

Johanna: Aber dann kommen wir seinem Wunsch nach einer Einschätzung nach. Wenn die Frage und Lage aus seinem Blickwinkel ausreichend beleuchtet ist, dann können wir diese Ergebnisse noch einmal mit unserem Blickwinkel erweitern. Gesunde Menschen entwickeln sich auch darüber, dass sie sich an anderen Standpunkten reiben. Dass dann, wenn sie unseren Standpunkt als Coach geliefert kriegen, sagen können: Wow, das ist ja noch mal eine ganz andere Sichtweise! Oder: Eine ganz andere Lösung! Ist ja interessant. Ich glaube, dann revidiere oder ergänze ich meinen Standpunkt noch mal. Oder dass sie dann sagen können: Ja, also, Herr Steinke, das mag ja auf Sie zutreffen. Und da funktionieren, wo Sie operieren. Bei uns geht das gar nicht, weil ... Egal ob hier eine Identifikation mit anderen Positionen, eine teilweise Integration oder eine Abgrenzung gegenüber unserer Position stattfindet: In jedem Fall trägt dies zur Revision oder zur Modifikation oder zur Ergänzung oder zur Festigung der gefundenen eigenen Position bei. Und all das wollen wir.

Ariel: Schön und gut. Aber ist das nicht Luxus?

Johanna: Nein, das ist das Entscheidende.

Ariel: Warum?

Johanna: Weil hier vorab, in einem geschützten Raum, etwas passiert, das auch nach der Coaching-Session passieren kann: dass die favorisierte Option infrage gestellt wird und argumentativ verteidigt werden muss.

Ariel: Ich kann euch auch hier folgen. Könntet ihr das einmal an einem Beispiel verdeutlichen?

Ingo: Gern, aber gestatte mir kurz einen Adlerflug in die Theorie. In unseren postmodernen, digitalen Wissensökonomien sind Erfahrung und Wissen unser Rohstoff. Ein Rohstoff, der sich vermehrt, der wächst und gedeiht, wenn wir ihn teilen. In einem co-kreativen Miteinander auf Augenhöhe entsteht soziale Innovation, die Weiterentwicklung, Fortschritt, Erfolg bringt. In diesem Prozess erforschen wir gemeinsam, was das Beste für den Coachee ist, nicht nur was er oder sie gerade will.

Wir sind nicht ausschließlich leidenschaftliche Lernbegleiter und Prozessbegleiter, die einen Klärungs- und Lösungsprozess, den Reflexions- und Erprobungsprozess nach allen Regeln der Kunst professionell ermöglichen. Sondern wir agieren in der Rolle als wohlwollender Ratgeber und kritischer Sparringspartner, indem wir den Spiegel vorhalten, uns trauen, unangenehme Wahrheiten auszusprechen, auch schmerzhafte Botschaften wohlwollend überbringen.

Wir beziehen Stellung, positionieren uns, damit sich dem Coachee durch Reibung ganz andere Reflexions- und Möglichkeitsräume eröffnen. Wir sagen, was wir denken oder fühlen; und tun, was wir sagen. In solchen Dialogen begegnen und verstehen wir uns auf tiefere Weise, schauen einander an und schauen in die gleiche Richtung. So befinden wir uns in einer Verbindung miteinander, die uns co-kreativ das ganz andere, Neue, die Zukunft, gemeinsam erschaffen lässt.

Wir glauben nicht an die Trennung, sondern an die kreative Verbindung von Mensch und Welt. Indem wir in uns und zwischen uns etwas verändern, verändern wir etwas in der Welt. Anstatt die Herausforderung hinterher allein zu meistern, befindet sich der Coachee mit uns bereits mitten in der praktischen Umsetzung seines Vorhabens.

Ariel: Danke. Und jetzt bitte anschnallen, wir landen. Und ich stelle meine liebste Frage als Journalist: „Habt ihr mal ein Beispiel?"

Johanna: Warum ist die so gut?

Ariel: Weil man damit Politikerinnen, Wissenschaftler, Beamtinnen, theoretisierende Ingos, alle, die abstrakt und allgemein reden, ganz wunderbar auf den Boden der Tatsachen zurückholen kann. Also – hättet auch ihr mal ein Beispiel?

Johanna: Das mit den Beispielen in unserem Metier ist immer so eine Sache. Wir können nicht von konkreten Fällen berichten, denn damit verstoßen wir gegen den Datenschutz, verletzen Persönlichkeitsrechte und missachten zwei wichtige Prinzipien unserer Arbeit: Vertraulichkeit und Integrität. Was wir machen können: ein Fallbeispiel zu konstruieren, das aus echten Fällen gewonnen ist und eine Situation idealtypisch auf den Punkt bringt, aber so weit verfremdet ist, dass es sich nicht auf konkrete Personen zurückverfolgen lässt.

Ariel: Das können wir gern machen – wenn es immer noch authentisch ist und sich tatsächlich aus eurer Praxis speist.

Positionierung in der Praxis

Johanna: Dann lass uns einen Manager der mittleren Führungsebene ersinnen. Wie sollen wir ihn nennen, Ingo?

Ingo: Wie wäre es mit Claus Lüttich? Da schwingt schon im Namen mit, was sein Problem sein wird: dass er sich zu klein macht in seinem Arbeitsalltag.

Johanna: Sagen wir, er ist um die 40 Jahre alt und arbeitet im Anlagenbau, ein Vertreter des traditionellen deutschen Ingenieurwesens. Es gibt klassische Rollenverteilungen zwischen Mann und Frau, zwischen alt und jung, zwischen erfahren und unerfahren. Im Persönlichkeitstest hat sich Lüttich als introvertiert gezeigt, seine Wahrnehmung orientiert sich an Zahlen, Daten und Fakten, er ist analytisch stark, arbeitet und lebt strukturiert. Nach dem Myers-Briggs-Typenindikator ist er ein ISTJ, ein Logiker, für ihn zählen Integrität, praktische Vernunft und Einsatzbereitschaft.

Lüttich ist zu uns gekommen, weil er jüngst mit seinem Vorgesetzten und dessen Assistentin aneinandergeraten ist. Es geht um die Frage, wie ein Projekt gestaltet werden soll, das im Bereich von Claus Lüttich läuft und nicht vorangeht. Zuständig dafür ist Herr Dr. Klinch, er ist unserem Claus Lüttich direkt unterstellt. Bei einer Projektbesprechung geht es hin und her, schließlich meint die Assistentin des Vorgesetzten: „Herr Dr. Klinch ist doch gar nicht geeignet, der kennt doch unsere Anlage gar nicht gut." Daraufhin stimmt ihr der Vorgesetzte zu und stoppt das Projekt.

Claus Lüttich ist fassungslos und so geschockt, dass er den Mund nicht aufbekommt. Er lässt es passieren. Dabei findet er, dass sein Projektleiter Dr. Klinch seine Sache eigentlich gut macht und die Verzögerungen im Projekt nicht zu verantworten hat.

Und nun ist Claus Lüttich unser Coachee. Wir haben seine defensive Handlungsstrategie herausgearbeitet und sein Problem benannt: Er müsse stärker aus sich herausgehen und sich Autoritäten gegenüber kontroverser verhalten.

Ingo: Ariel, wie würdest du mit dieser Situation umgehen?

Ariel: Huch, ist das jetzt eine Prüfung? Meine Ausbildung bei euch ist doch schon zehn Jahre her ... Aber okay, ich versuche es mal. Also ein prozessbegleitender Coach würde wohl mit Fragen operieren, etwa: „Wie würden Sie bezeichnen, was Sie da machen? Mal angenommen, die Situation würde optimal verlaufen, wie sähe das aus? Wie könnten Sie anders reagieren? Was könnten Sie beim nächsten Treffen anders machen? Mal angenommen, der Geschäftsführer säße hier mit am Tisch – was glauben Sie, welche anderen Strategien würde er kennen, wie man anders mit der Situation umgehen könnte? Was würde Ihr alter Freund aus der Studentenverbindung raten, wie sich anders mit der Situation umgehen ließe?" Und so weiter.

Johanna: Nicht schlecht. Das heißt, ein prozessbegleitend arbeitender Coach würde erst mal induktiv arbeiten, würde mit Herrn Lüttich herausarbeiten, wie er die Sache jetzt sieht und künftig anders sehen könnte. Tun wir auch, getreu unserem Motto: Erst fragen, dann sagen. Wir würden also zunächst nicht viel anders vorgehen, als du es eben vorgeschlagen hast, Ariel. Wir würden die Situation mit Fragen intensiv erkunden, wir würden eine Problemdefinition machen, um dann mit dem Coachee Lösungsansätze zu entwickeln.

Ingo: Wir würden zunächst einmal alles zu Bewusstsein bringen. Oft landen wir dann sehr nah am Coachee: wie er sich gefühlt hat, worum es ihm im Prinzip gegangen ist, warum er sich so verhalten hat. Denn keine Tat ohne Motiv. Sich so zu verhalten, wie es Claus Lüttich getan hat, hatte mindestens einen guten Grund. Wir könnten dann herausarbeiten, wie er in dieser Situation anders hätte reagieren oder agieren können, was ihm dabei wichtig ist, das heißt um welche Prinzipien es ihm dann geht, was ihn motiviert, anders zu agieren. Und wir würden herausarbeiten, wie er auf dieser persönlichen Ebene im nächsten Treffen konkret vorgehen und kommunizieren kann. Mit anderen Worten, wir würden also komplett seine Position herausarbeiten. Bis dahin, dass wir mit ihm die Situation, in der Herr Lüttich auf seinen Chef trifft, in einem Rollenspiel üben. Wir könnten das auch in Trance machen, wir könnten die Situation auch mehrmals durchspielen, bis Herr Lüttich den Eindruck hat, in der Situation so zu bestehen, wie es für ihn wichtig und richtig ist.

Johanna: Und jetzt kommt eine entscheidende Zutat, unsere Positionierung. Wir würden ihm darüber hinaus sagen, wie wir die Angelegenheit sehen. In etwa so: „Herr Lüttich, ich würde gern einmal mit Ihnen teilen, wie die Situation auf mich wirkt und wie ich an Ihrer Stelle mit der Situation umgehen würde."

Ariel: Verstehe. Das ist ja durchaus etwas, was der Coachee von seinem Coach wissen möchte. Indem er etwa fragt: „Was würden Sie an meiner Stelle machen?"

Ingo: Genau. Das ist etwas, das Coachees regelmäßig einfordern, und zu Recht. Unsere Reaktion auf so einen Wunsch ist allerdings nicht, dass wir dann wie aus der Pistole geschossen sagen: „Ist doch klar: Erstens ..., zweitens, ... drittens ...!"

Ariel: Sondern?

Johanna: Also in dem Fall von Claus Lüttich würde ich mit der Positionierung zunächst einmal liefern, dass die Vorgehensweise des Geschäftsführers – nicht nur vor der Assistentin, sondern auf der Bühne der gesamten Organisationseinheit – eine handfeste Depotenzierung von Claus Lüttich in seiner Rolle als Middle Manager ist.

Ariel: Das Wort wird nicht jeder verstehen, was heißt es noch gleich?

Johanna: Depotenzierung meint: Nichtbeachtung von Machtverhältnissen in einer Organisation, Entmachtung von Entscheidungsträgern durch Übergehen hierarchischer Ebenen. Simpel gesagt: Jemand wird zum Papiertiger degradiert.

Ingo: Ich würde außerdem benennen, dass es zwischen der Geschäftsführungsebene, dem Vorgesetzten und dem Middle Manager offenbar einen Konflikt über bestimmte Inhalte oder Vorgehensweisen in der Projektentwicklung gibt.

Ariel: Wie würdest du das formulieren?

Ingo: Ich würde zu Herrn Lüttich sagen: „Ich weiß nicht, wie Sie das sehen, aber für mich gibt es da einen handfesten Konflikt zwischen Ihrem Chef und Ihnen. Und ich bin dafür, dass wir einmal untersuchen, welche Konfliktgegenstände da vorhanden sind. Um dann eine Strategie zu entwickeln, wie Sie diese Konfliktgegenstände behandeln können."

Ariel: Ganz kurz – was sind Konfliktgegenstände?

Johanna: Konfliktpunkte oder Reibungspunkte. Die Angelsachsen haben dafür einen phantastischen Begriff: issues. Also die strittigen Themen zwischen mehreren Parteien, Personen oder Rollen.

Ingo: Wenn der Coachee übereinstimmt, würden wir die Konfliktgegenstände identifizieren, auch wie hoch die jeweiligen Konflikte eskaliert, also fortgeschritten sind. Ich würde eine Frage stellen, die wir dann gemeinsam beantworten würden. „Herr Lüttich, ich frage mich, was sind da eigentlich die Konfliktgegenstände zwischen Ihnen? Wo gibt es Reibungspunkte, Knackpunkte? Irgendwo haben Sie und Ihr Chef fundamental unterschiedliche Auffassungen – in Bezug auf welche Themen?"

Dies sind mehrere Fragen auf einmal. Ich gucke immer, wie der Coachee auf die Fragen reagiert, und höre dann auf zu fragen, wenn er die Frage verstanden hat und sie einen inneren Reflexionsprozess in Gang setzt. Denn die Frage nach Konfliktgegenständen kann in der Regel niemand beantworten, weil dieses Wort so ungewohnt ist und man als Laie nicht genau weiß, was damit gemeint ist.

Ariel: Mhm, verstehe, keine Kettenfragen, aber schon so lange fragen, bis der Coachee innerlich reagiert. Die Intonation finde ich noch interessant, die kann man ja in der schriftlichen Fassung nicht so gut hören. Also du fragst suchend, du blickst ein bisschen vorbei am Coachee in die Ferne, fixierst ihn also nicht mit deinem Blickkontakt, es wirkt ein bisschen so, als würdest du die Frage nicht nur dem Coachee, sondern auch dir selbst stellen.

Ingo: Ja, genau! Eine sehr wesentliche Positionierungstechnik ist, nicht dem Coachee Fragen zu stellen und auf Antworten zu warten, sondern die Fragen so zu stellen, dass beide, Coachee wie Coach, sich in einen gemeinsamen Suchprozess begeben können, eine Art Trance, ein gemeinsamer Flow, ein Abtauchen. Wir werden gleich, wenn wir die einzelnen Techniken vorstellen, darauf zurückkommen, dieses nennen wir co-kreative Suchprozesse. Ich frage mich etwas, genauso wie den Coachee. Wir sind gemeinsam an der Front der Erfahrungsgewinnung. Ich weiß es nicht, er weiß es nicht, der Coachee bildet Hypothesen, ich bilde Hypothesen, der Coachee erkennt, was wahr sein könnte, ich erkenne, was wahr sein könnte, wir teilen unsere Erkenntnisse miteinander.

Johanna: Der Coachee sitzt also nicht da wie ein Schuljunge, der ausgefragt wird. Positionierung löst innere, mentale Prozesse aus.

Ariel: Wie geht es weiter?

Ingo: Ich würde an geeigneter Stelle deutlich machen, dass Claus Lüttich „Unterordnung" als Konfliktlösungsstrategie wählt. Es gibt insgesamt sechs Möglichkeiten, wie Konflikte ausgehen können, und infolgedessen grundsätzlich auch sechs mögliche Strategien, Konflikte anzugehen beziehungsweise zu lösen. Ich zähle mal in aller Kürze auf:

1. Kampf, Vernichtung

2. Flucht, Trennung, Vermeidung

3. Unterordnung

4. Delegation des Konfliktes

5. Kompromiss

6. Konsens

Viele Menschen haben Angst vor Konflikten, weil sie nicht wissen, was kommt und wie sie ausgehen. Im Grunde braucht man aus den sechs möglichen „natürlichen" Konfliktlösungen nur eine auszuwählen. Was auch noch schwer genug ist. Ich würde diese sechs möglichen Konfliktlösungen erklären und mit Claus Lüttich herausarbeiten, welche Strategie er bisher gewählt hat.

Johanna: Das Fallbeispiel beruht auf einem realen Coaching. Unser Mann saß da, ihm traten Tränen in die Augen. Sein Sich-Unterordnen, das Vermeiden von Konflikten wurde ihm bewusst.

Und plötzlich entstand in ihm die Motivation, eine andere Strategie auszuarbeiten und zu erproben. Bis hin zu der Frage: Wie spreche ich, wie schaue ich, wie verhalte ich mich? Das schafft man mit so einem Verfahren innerhalb von 25 Minuten.

Ingo: In unserem Fallbeispiel würde ich zudem für die wichtigsten Konflikte laut darüber nachdenken, wie sie ausgehen könnten beziehungsweise wie man sie ausgehen lassen will. Ein unerfahrener Coach könnte an dieser Stelle auf die Idee kommen, ein Selbstsicherheits-Coaching zu machen und zu üben, wie man diesen Konflikt kommunikativ austragen könnte. Das würde allerdings den Konflikt auf die Schiene eines Kampfes bringen, bevor er in all seinen Facetten überhaupt verstanden ist. Ich bezweifle, dass das per se die beste Variante ist. Und würde stattdessen die Vor- und Nachteile einer jeden Strategie abwägen, bevor sich der Coachee für eine davon entscheidet.

Ariel: Da gehst du aber ganz schön in Führung. Du führst ja nicht nur den Dialog, sondern du wirst auch inhaltlich, kommst quasi mit inhaltlichen Deutungen daher.

Ingo: Ja, deshalb ist Coaching ja auch so anders als therapeutische Prozessbegleitung – und deshalb heißt Coaching Coaching und nicht Prozessbegleitung.

Johanna: Ich würde darüber hinaus das ganze Thema mikropolitisch beleuchten. Wie sind die Kräfteverhältnisse in der Organisation? Wer hat welche Interessen, ob das Projekt läuft oder nicht läuft? Wer nutzt welche Strategeme, also schlaue, raffinierte Manöver? Wie ist das Verhalten des Vorgesetzten von

Claus Lüttich einzuordnen? Welche Bündnisse oder Allianzen ließen sich schmieden? Welche Strategeme könnte Lüttich nutzen, um innerhalb der Organisation indirekt klug vorzugehen? Und so weiter.

Am Ende würden wir, anstatt mithilfe eines Selbstsicherheits-Coachings an der Kommunikation von Claus Lüttich gegenüber seinem Chef zu arbeiten, vielleicht erkennen, dass es taktisch klug war, das an dieser Stelle genau so laufen zu lassen, wie er es gemacht hat. Und würden eine durchaus komplexe Strategie ausarbeiten, wie Claus Lüttich in der Organisation vorgehen könnte, um seine Ziele zu erreichen. Am Ende würden wir auch hier wieder bei sehr konkreten Kommunikationen landen, die wir im Rollenspiel durchspielen, dann aber womöglich mit ganz anderen Handlungspartnern.

Ariel: Wieder landet man also ganz woanders. Mikropolitik-Management statt Selbstsicherheitstraining?

Johanna: Du kommst mit co-kreativem Arbeiten und der Methode der Positionierung oft ganz woanders heraus als mittels reiner Prozessbegleitung. Dadurch, dass wir den Coachee mit Dingen konfrontieren, die er noch nicht kennt, entwickelt der Coachee ganz neue Sichtweisen und Gedanken. Das ist das Entscheidende. Und ja, du hängst als Coach mit drin. Wenn es gut gelingt und Herr Lüttich gestärkt aus dem Konflikt hervorgeht. Und genauso, wenn es schiefgeht und die von Claus Lüttich gewählte Strategie ihn Kopf und Kragen kostet.

Ingo: Du hängst allerdings als rein prozessbegleitend arbeitender Coach genauso mit drin. Wenn du nur seinen inneren Klärungsprozess in den Blick nimmst und vergisst, die Kräfteverhältnisse in der Organisation zu analysieren, und ihm sein Chef nicht nur das Projekt entzieht, sondern ihn sogar in seiner Position insgesamt infrage stellt. Weil ihr im Coaching nicht erkannt habt, wie gefährlich die Gesamtgemengelage für den Coachee ist.

Johanna: Mir ist eine Anmerkung sehr wichtig: Es geht uns nicht darum, ein Coaching stets auf die Ebene mikropolitischer Auseinandersetzungen zu heben. Dies war nur ein Beispiel. Denkbar wäre auch das Gegenteil: Ein Coachee macht die ganze Zeit Mikropolitik, meidet aber die Auseinandersetzung mit Schlüsselpersonen. Sodass wir uns derart positionieren, dass wir sagen: „Also aus meiner Sicht kommen Sie nicht daran vorbei, sich direkt mit Ihrem Chef auseinanderzusetzen." Und später: „Ich schlage vor, wir probieren im Rollenspiel mal aus, wie Sie sich durchsetzen können, ohne dass Ihr Verhältnis zum Chef Schaden nimmt."

Techniken der Positionierung

Ariel: Sollen wir nun zu den verschiedenen Techniken der Positionierung kommen?

Ingo: Ja, gern. Lass uns doch mit einer Technik beginnen, die wir gerade schon bei Claus Lüttich angewendet haben.

Die erklärende Positionierung

Ingo: Sie besteht darin, dem Coachee Erklärungswissen über seine Person oder Situation zur Verfügung zu stellen. Da können kleine, prägnante Sätze genügen. Also zu einer Führungskraft wie Herrn Lüttich, der wider Willen ein Projekt entzogen wurde, zu sagen: „Das, was Sie hier erleben, ist ja eine Depotenzierung."

Der Coachee schaut vielleicht fragend. Womöglich fällt es ihm wie Schuppen von den Augen, und er begreift plötzlich, welche Bedeutung das hat. Wenn ihn sein Vorgesetzter durch einen solchen Misstrauensantrag, einen öffentlichen Aufgabenentzug und eine derartige Unterbindung von Einflussmöglichkeiten auf diese Weise „entmannt". Wir bilden damit den Vorgang innerhalb der Organisation und Führungsbeziehung vor dem Hintergrund eines Konzeptes von Führung als Einflussnahme ab, das ihn als Entzug von Machtpotenzialen charakterisiert. Und das gilt auch für wenig hierarchische, agile Teams und Organisationen, in denen die Leute Rollen einnehmen und dadurch Hoheiten über Aufgaben oder Projekte haben. Und plötzlich kommt jemand daher und behauptet, es sei doch alles ganz anders, und zuständig sei eigentlich die Kollegin XY. Schwupp, ist man das Aufgabenpaket und die damit verbundenen Einflussmöglichkeiten los.

Ariel: Und so einen Satz wie „Das ist eine Depotenzierung" knallt ihr dem Coachee einfach so auf den Tisch?

Johanna: Die parasprachlichen Signale sind entscheidend, also Mimik und Gestik, Intonation, Dynamik und Lautstärke. Ganz allgemein: In der Regel sind unsere Positionierungs-Interventionen langsam gesprochen, in einem nachdenklichen Tonfall, mit sanfter Stimme, eher fragend und einladend formuliert. Selbstverständliches soll so ent-selbstverständlicht werden, Verstreutes oder Unübersichtliches in einen Zusammenhang gebracht werden. Wir intonieren also ganz anders, als es die meisten Menschen aus ihrem Arbeitsalltag kennen. Dort werden Positionen in der Regel bestimmend, vielleicht sogar vehement, anklagend oder verteidigend vorgetragen.

Ingo: Spielentscheidend ist nach jeder – wirklich nach jeder – Positionierung die Frage des Coaches an den Coachee: „Was löst das in dir aus?" Oder: „Wenn ich das so sage, was geht Ihnen dann durch den Sinn?" Oder: „Wenn ich hier so meinen Standpunkt vertrete, wie finden Sie das?" Neuerdings, in den agilen, digitalen Kulturen, kann ich durchaus auch wieder sagen: „Und? Was macht das mit dir?" Bei dieser Frage, die aus den Selbsterfahrungsgruppen der 1970er-Jahre stammt, zucken wir eigentlich innerlich zusammen. Aber heute kannst du das wieder fragen. Solche Fragen sollen dann wieder einen eigenen Reflexions-, Klärungs-, Lösungsprozess anstoßen.

Ariel: Capito.

Optionen schaukeln

Ariel: Eine weitere Variante der Positionierung nennt ihr *Optionen schaukeln*. Was ist das?

Ingo: In aller Kürze: Alternativen entwickeln und so lange Pro und Contra abwägen, bis klar ist, welcher Weg der gangbarste ist.

Johanna: Man unterhält sich mit einem Coachee sehr strukturiert darüber, was es in einer Situation für Optionen gibt, ein Problem zu lösen oder eine Herausforderung zu meistern. Man sammelt verschiedene Handlungsoptionen, die möglichst trennscharf sein müssen, stellt sie nebeneinander und fängt an abzuwägen, im einfachsten Fall als Pro-Contra-Analyse, was für, was gegen jede einzelne Option spricht. Um herauszufinden, welches der beste Weg ist.

Ingo: Bei dieser Gelegenheit beteilige ich mich als Coach an der Suche nach Optionen. John Whitmore, der 1992 das GROW-Modell ins Coaching eingeführt hat, nannte diese Phase „Options", das O in GROW. Whitmore, eigentlich Agraringenieur, lebte auf einem dieser englischen Schlösser, wie man sie aus Rosamunde-Pilcher-Filmen kennt. Schon als junger Mann hatte er keine Lust auf das ganze Adelsgedöns und fuhr in den 1960er-Jahren erfolgreich Autorennen. Bei einem Filmdreh traf er auf den Tennisprofi Graham Alexander und entwickelte mit ihm das Coaching im Sport, das er später auf das Management übertrug. Er war ein Pionier des modernen Coachings und hat gezeigt, wie wichtig die Entwicklung von Handlungsoptionen ist: Anstatt die richtige Lösung zu suchen, versucht man zuerst, möglichst viele Handlungsmöglichkeiten zu finden, völlig frei, ohne Vorfestlegungen, zum Beispiel mithilfe konjunktivischer Fragen:

„Wie wäre es denn, wenn …"

„Angenommen, Sie …"

Whitmore nennt das: Maximieren der Auswahlmöglichkeiten. Er sieht ausdrücklich vor, dass sich der Coach daran beteiligt, Handlungsmöglichkeiten zu entwickeln und gegeneinander abzuwägen.

Johanna: Der Trick an der Positionierung besteht nun darin, dass ich bewusst „tendenziös" werde. Das heißt, ich lege mich im Dialog scheinbar auf eine Option fest. Ich schlage mich in der Abwägung einer Option eine Zeit lang auf eine Seite und finde dafür Argumente. Ich beziehe zum Beispiel, kaum merklich im Dialog, allmählich immer stärker Position auf der Contra-Seite.

Oder ich versetze mich, so gut es irgend geht, in die Lage des Coachees, nehme seine Position ein und imaginiere, stelle mir nach allen Regeln der Kunst vor, wie es wäre, so zu handeln, wie er es tut. Vielleicht gerate ich geradezu ins Schwärmen, male mir aus, in der Regel gemeinsam mit dem Coachee, was dann wäre und womöglich passieren würde.

Ingo: Das Entscheidende ist, dass es mir für eine Phase des Dialogs gelingt, mich nahezu vollständig mit der Situation, dem Möglichkeitsraum des Coachees zu identifizieren. Man nennt das auch *projektive Identifikation*. Als Coach lasse ich zu, dass sich die Situation des Coachees vollständig an mich überträgt. Die Ziele sind:

1) möglichst viele Aspekte des Möglichkeitsraums, der dem Coachee in seiner Rolle und Lebenslage zugekehrt ist, ausleuchten,

2) auf Aspekte kommen, auf die der Coachee allein noch nicht einmal im Traum käme,

3) mit meiner Unabhängigkeit und Awareness als prinzipiell Unbeteiligter Dinge wahrnehmen, fühlen, die der Coachee im Moment nicht wahrnehmen, fühlen kann – und dies dann wieder dem Dialog zur Verfügung stellen, um Bewusstwerdungsprozesse beim Coachee anzuregen,

4) dem Coachee die Möglichkeit geben, sich für einen Moment zu dissoziieren, zum Beobachter zu werden, es ist ja jetzt der Coach, also jemand Anderes, der sich in seiner Lage befindet,

5) ein Tiefergehen, Weitergehen, als der Coachee es je getan hat, ermöglichen, sodass der Coachee erleben kann, wo seine Option, wo diese Position hinführt,

6) vor allem die Urteilsbildung ermöglichen, schärfen, denn erst wenn ich eine Position ernsthaft einnehme, kann ich wahrnehmen und fühlen, inwieweit sie die für mich richtige, die für die Situation passende Position ist, und

7) gegebenenfalls ins Coaching vorverlagern, feststellen, dass eine Position *nicht* die richtige, *nicht* die passende ist, anstatt dies dann erst in der Realsituation mit allen möglichen negativen Begleiterscheinungen zu erleben, wie zum Beispiel für eine falsche Position angegriffen zu werden, sein Gesicht zu verlieren, enttäuschte Menschen zu verlieren, die den gemeinsamen Weg aufgrund der Position aufkündigen.

Johanna: Wichtig ist, dass man sich mehrere Handlungsoptionen vollständig zu eigen macht, nicht nur eine, und sich vorübergehend sogar mit den entgegengesetzten Polen einer Handlungsoption identifiziert. Nehmen wir an, jemand überlegt, nach Australien auszuwandern. Dann male ich einmal grell alle Risiken aus, das mögliche Scheitern, die Einsamkeit, den Verlust. Und einmal in den buntesten Farben die Chancen, den Aufbruch, den Gewinn, das Abenteuer. Beide Male so intensiv, dass kaum mehr Platz für die Gegenposition bleibt. Entscheidend: Ich lasse das nicht nur den Coachee machen, ich mache dabei mit.

Ariel: Wieso macht ihr das eigentlich so?

Ingo: Handlungen zu planen ist komplex, es kommt darauf an, Möglichkeiten und Grenzen zu reflektieren. Urteilskraft ist immer bedingt durch den Kontext. Fehler in der Beurteilung eines Mitarbeiters entstehen zum Beispiel dadurch, dass ich zu wenig Daten über die Person habe. Coaching ist dazu da, diese Kontexte des Urteilens und Handelns zu reflektieren. Dazu zählt, Hemmnisse oder Widerstände und was sie bedeuten, Promotoren beziehungsweise Widersacher und wie sie reagieren könnten, genauso wie förderliche oder ermöglichende Faktoren einzubeziehen. Vor- und Nachteile, Chancen und Risiken, Nutzen und Kosten, Stärken und Schwächen, Pro und Contra, Positiveffekte und Negativeffekte werden gegeneinander abgewogen. Kurzfristige, mittelfristige, langfristige Konsequenzen werden nicht nur benannt, sondern als Szenarien ausgemalt.

Johanna: Dabei müssen zunächst alle Optionen gefunden, identifiziert werden, wobei darauf zu achten ist, dass sie echte Alternativen, trennscharfe Optionen sind. Also zum Beispiel sich selbstständig machen oder nach Australien auswandern beinhaltet nicht zwei, sondern vier Alternativen: nämlich sich hier oder in Australien selbstständig zu machen oder hier oder in Australien angestellt zu arbeiten.

Co-kreative Suchprozesse

Ariel: Das nächste Tool in eurem Werkzeugkasten ist der co-kreative Suchprozess. Welchem Zweck dient es?

Ingo: Suchprozesse werden dann dialogisch, wenn ich als Coach nicht dem Coachee eine Frage stelle, damit er die Antwort in sich findet. Das wäre Prozessbegleitung. Sondern wenn ich Fragen so stelle, dass wir sie uns *gemeinsam*, dass Coach und Coachee sie beantworten können. Ich sage zum Beispiel so etwas wie: „Wow, das ist ja wirklich eine herausfordernde Situation! Ich frage mich: Wie kann man da eigentlich herangehen?" Oder auch: „Du meine Güte, ja, ich verstehe jetzt, was da los ist, aber was gibt es da jetzt eigentlich für Herangehensweisen? Was könnte man da machen?"

Johanna: Ich liebe auch dieses nachdenkliche Fragen: „Okay, ich merke, das beschäftigt dich, diese Machtbalance in der Rolle. Tja, das ist die Frage: Wie kriegt man so eine Machtbalance eigentlich hin?"

Ariel: Wer ist man? Wieso fragt ihr nicht: „Wie kannst du da rangehen?"

Johanna: Das ist ein typisches Sprachmuster, das man, zum Beispiel in der Form von Truismen, in der Hypnotherapie verwendet: Man formuliert etwas als allgemeine Tatsachenfeststellung, sodass es ein Coachee einfacher nehmen und auch innerlich annehmen kann. Ein typischer solcher Satz, den man in Trance verwendet, ist zum Beispiel: „Jede kennt Probleme und dass sie sich manchmal wie von selbst lösen." Oder: „Man kann Lösungen suchen lernen oder lernen, Lösungen zu suchen, oder man kann in der Lösungssuche lernen." Wenn ich den Coachee zum Beispiel mit „Du" direkt anspreche, dann denkt er sofort: „Oh Gott! Bin ich schon dran? Ich? Ja, also ich weiß doch die Lösung jetzt nicht!"

Stelle ich Fragen jedoch in Man-Form, dann steigt die Wahrscheinlichkeit, dass sich der Coachee nicht direkt angesprochen fühlt, dass er merkt: „Aha, auch andere kennen so was, ich bin nicht der Einzige." Oder: „Aha, wir begeben uns jetzt gemeinsam in einen Suchprozess!" Ja, wie kann *man* denn da herangehen? Da kann man ja mal ganz neugierig sein, wie das Unbewusste es organisiert, was man da so machen kann.

Man fühlt sich dann frei, wie ein wenig dissoziiert von sich selbst, erst einmal nach allen möglichen Ideen zu suchen, wie man im Allgemeinen da so vorgehen kann. Das Problem oder die Herausforderung wird quasi vom Coachee weggenommen. Und wenn man dann ein paar Ideen hat, dann kann man sich im Nachhinein – wie in aller Ruhe – eine aussuchen, die wirklich auf einen selbst passen könnte, um sich dann mit der Idee wieder zu assoziieren und ganz neugierig zu sein, wie sich das dann umsetzen lässt.

Das ist eine große Schwäche des herkömmlichen Settings prozessbegleitenden Arbeitens, wo der Coach dem Coachee Fragen stellt, die er beantworten soll. Häufig kennt er ja die Antwort nicht, was Teil des Problems oder der Herausforderung ist. Man muss dann diese Schwierigkeit quasitherapeutischen Fragens häufig sehr ausgeklügelt umgehen, indem man zum Beispiel Tranceprozesse induziert oder die Wunderfrage stellt: „Mal angenommen, das würde hier optimal verlaufen, und Sie stehen morgen früh auf und merken: Oh, es läuft, die Herausforderung lässt sich meistern, da ist etwas, das ganz anders ist, woran genau merken Sie dann, dass sich die Herausforderung bewältigen lässt?" Und so weiter und so fort. So was können wir uns schenken, wenn wir eine projektive Identifikation zulassen und uns gemeinsam in den Suchprozess begeben, den Suchprozess auf diese Weise zu einem co-kreativen Suchprozess machen.

Ariel: Wir haben oben schon mal kurz darüber geredet, aber an dieser Stelle können wir das ja noch einmal vertiefen – warum ist der Begriff co-kreativ so wesentlich für eure Praxis?

Ingo: Co-creation ist ursprünglich eine Methode oder auch ein ganzer Managementansatz, der im Marketing, vor allem in der Produktentwicklung Anwendung findet. Er bezeichnet dort die Aktivitäten, heutzutage in den digitalen Arbeits- und Lebenswelten, Produkte und Dienstleistungen durch Einbeziehung von Auftraggebern und Kunden zu entwickeln und weiterzuentwickeln.

Johanna: Der Begriff wird inzwischen immer stärker grundsätzlich für die gemeinschaftliche Gestaltung von Entwicklungs- und Innovationsprozessen genutzt. Die auf der Grundlage einer sehr kooperativen, experimentellen, partizipativen, dialogischen Grundhaltung ablaufen.

Ingo: Co-kreatives Arbeiten ist sehr analog und explorativ, das heißt versucht, assoziativ neue Ideen zu entwickeln, zu designen und gegebenenfalls sogar zu erproben, die aber auch wieder verworfen werden können. Es ist also das Gegenteil des linear-definitorischen Ingenieurdenkens, in dem eine Spezifikation erstellt, ein Auftrag erteilt, ein Produkt erstellt und dann vom Kunden abgenommen werden muss.

Johanna: Und es ist, ehrlich gesagt, auch das Gegenteil von „einfach nur Fragen stellen".

Ingo: Es wird viel mit Brainstorming-Methoden gearbeitet, Konflikte werden als normales Element des gemeinsamen Prozesses verstanden, proaktiv verhandelt oder auch umgangen, wenn sie nicht direkt gelöst werden können. Es gilt das Prinzip der verteilten Verantwortung und Kontrolle für Teilschritte sowie der Beteiligung an und Transparenz von Entscheidungen und Handlungen. Die Lust am gemeinsamen Arbeiten steht im Mittelpunkt, man versucht, miteinander in einen inspirierenden Flow zu gelangen, in dem ganz andere, neuartige Lösungen oder Strategien entstehen können, als wenn jede/r angestrengt allein die eigenen Pflichtaufgaben erfüllt.

Das Entscheidende ist, auch in Gruppensituationen: Ich verhalte mich nicht wie ein neutraler Moderator, sondern bringe mich mit Sichtweisen ein, auch ich als Coach bin beteiligt, eröffne mit bestimmten, ganz anders gearteten Sichtweisen womöglich gänzlich neue Möglichkeitsräume, in denen die Person oder Personen bisher noch gar nicht unterwegs waren.

Johanna: Und Emotionen werden zugelassen, ausgedrückt und miteinander geteilt, um ihren Sinn zu erschließen und für die Aufgabe zu nutzen. Immer dran denken: Emotionen haben eine orientierungsleitende und erkenntnisleitende Funktion. Irritationen werden zugelassen, eingetretene Pfade und herkömmliche Denkmuster sollen verlassen werden. Co-kreatives Arbeiten geht Risiken ein und lebt von überraschenden Wendungen, die ein Verlauf nimmt.

Ingo: Eine Art, co-kreativ innere Suchprozesse auszulösen, ist auch, Fragen zu stellen und sie sich selbst zu beantworten. Ich begebe mich vor den Augen des Coachees quasi selbst in einen Suchprozess und lasse den Coachee daran teilhaben. Entweder als diagnostisches Fragen:

„Ich frage mich, was hier eigentlich los ist."

Oder aber bei der Entwicklung von Optionen und der Antizipation von Wirkungen:

„Ich frage mich, wie man da herangehen kann ..."

„Ich frage mich, wie ginge das, was würde da weiterführen?"

Und dann setzt lautes Sprechdenken ein. Ich entwickle erst eine Möglichkeit, dann eine zweite, dann verwerfe ich sie wieder. Ohne etwas sofort als letztgültig wahr oder unwahr, richtig oder falsch zu bewerten. „Nein, das geht ja nicht, weil …"

„Oder doch? Und was ist, wenn wir das aus einem ganz anderen Blickwinkel betrachten? Dann dürfte doch eigentlich erlaubt sein …, oder?"

„Eine dritte Möglichkeit wäre natürlich, einfach … Das würde natürlich bedeuten, dass … Und im Endeffekt landen wir dann …"

„Tja. Bringt so alles nichts. Aber was wäre denn, wenn Sie …"

Der Coachee sitzt – oder steht – die ganze Zeit da und kann mir entlastet zugucken und zuhören. Bis ich irgendwann frage: „Und wenn Sie mich so hören, wie ich hier für Sie die Arbeit mache, was geht Ihnen dann durch den Sinn?"

Ariel: Und worauf muss man dabei achten?

Ingo: Wichtig sind diese Regeln, die übrigens auch in der qualitativen Sozialforschung gelten:

1) Unbedingte Offenheit, etwas zu lernen und eigene Vorannahmen zu ändern. Das brauchen wir als Coach auch, gerade wenn wir uns an der Front der Erfahrungsgewinnung befinden.

2) Offenheit dem untersuchten Gegenstand gegenüber. Ein Problem oder eine Ausgangsfrage können sich im Verlaufe der co-kreativen Arbeit verändern. Anders gesagt: Wir können mal ganz neugierig sein, was wir da eigentlich zum Gegenstand unserer Betrachtung haben.

3) Untersuchung des Gegenstandes aus möglichst vielfältigen unterschiedlichen Positionen.

4) Gemeinsamkeiten, eine gemeinsame inhaltliche Struktur in den Tatsachen finden.

Johanna: Na ja, das machen wir nicht wirklich so lehrbuchmäßig. An dieser Stelle wäre die Methode womöglich ausbaufähig. Was wir an dieser Stelle versuchen: Wir erforschen unterschiedliche Positionen, um Wirksames beziehungsweise Brauchbares in den Möglichkeitsräumen des Arbeits-Lebens des Coachees zu finden. Coaching heißt überwiegend: sich gemeinsam in neuen, offenen Möglichkeitsräumen zurechtfinden.

Ariel: Möglichkeitsräume. Interessantes Wort ... also ein Journalist würde das anders nennen. Aber wie? Ich werde noch mal gründlich darüber nachdenken. (zwinkert kaum merklich mit dem Auge).

Die Lagebeschreibung

Ingo: Die Lagebeschreibung ist schnell erklärt, aber aufwendig herzustellen. Als Methode der Positionierung ist sie ein Zufallsprodukt.

Ariel: Erzähl.

Ingo: Wir pflegen unseren Coachings in der Regel eine intensive schriftliche Reflexion voranzustellen. Unsere Angebote sind immer nach dem gleichen Schema aufgebaut: 1. Ausgangslage, 2. Zielperson/en und Ziele, 3. Konzept und Vorgehen, 4. Honorar und Rahmenbedingungen. Das ist dann Teil des Coaching-Kontraktes mit einem Menschen oder einer Firma.

Johanna: Eine ausführliche Reflexion der Ausgangslage hat drei Funktionen. Erstens einigt man sich auf eine gemeinsame Sichtweise der Ausgangssituation. Das: Um was geht es eigentlich? Zweitens ermöglicht sie dem Coach eine Reflexion dessen, was er von unterschiedlicher Seite erfahren hat. Drittens: Der Coachee sieht in der Ausgangslage mit einem Mal seine Gesamtsituation dargestellt, reflektiert durch einen erfahrenen Coach.

Ingo: Mit anderen Worten: Diese Lagebeschreibung enthält bereits eine Positionierung des Coaches hinsichtlich der Ausgangslage und wie damit umgegangen werden kann. Schon das kann zu intensivem Nachdenken und Nachfühlen beim Coachee führen.

Ariel: Hättet ihr auch hier ein Beispiel? Wie klingt das in der Praxis?

Ingo: (sucht einige Minuten in seinem Rechner) Hier ein Beispiel von vor vielen Jahren.

„In unserem Erstgespräch berichteten Sie von Ihrem Werdegang, darunter auch über Ihre umfangreiche Projekttätigkeit (Geschäftsprozesse, Logistik, Vertriebsprozesse). Sie haben hier mit hohen Freiheitsgraden agieren können und verstanden sich so stets als ‚Unternehmer im Unternehmen‘, der sich für die Sache engagiert. Seit ca. zwei Jahren befinden Sie sich in der Position des Head of IT-Services mit fünf Direct Reports und 120 Mitarbeitenden. Sie empfinden hier auf neue Weise eine Verantwortung auch für die vielen Tausend Mitarbeitenden des Unternehmens. Sie spüren auch, dass Ihnen anders begegnet wird, als dies noch zu Ihrer Zeit als Projektleiter der Fall war. Der Umgang miteinander hat an Natürlichkeit verloren, Sie werden stärker in Ihrer Führungsrolle wahrgenommen, sind mit neuen Rollenerwartungen und mit Rivalitäten konfrontiert. Sie merken, dass Ihr Handeln stets eine mikropolitische Dimension hat. Anlass für das Coaching sind mehrere Konfliktsituationen, die Ihnen anspruchsvolle Formen der Konfliktbehandlung abverlangen. Sie wünschen sich ein Coaching, in dem Sie über alles einmal in Ruhe nachdenken können, sich selbst, Ihre Rolle, Ihre Kommunikation sowie Ihr Führungs- und Konfliktverhalten umfassend reflektieren können.“

Das Coaching soll zu mehr Rollenklarheit führen sowie die Funktions- und Konfliktfähigkeit in der Führungsrolle stärken.

Der Coachee will/soll im Einzelnen:

• mehr über seine (Führungs-)Persönlichkeit wissen sowie darin liegende Begrenzungen und Entwicklungsaufgaben erkennen („Ich möchte etwas über mich lernen zur Stärkung meiner Funktionsfähigkeit in der Führungsrolle.“)

- sich seiner Prinzipien und Werte (Führungsphilosophie) beim Lösen konkreter Konflikte und Herausforderungen im Führungsalltag bewusst sein („Wie kann ich da noch authentisch sein in der Führungsrolle?")

- sein Führungsverhalten in konkreten Führungssituationen überprüfen („Mache ich alles richtig?", „Bin ich da zu leichtgläubig, vertrauensselig?")

- sein Gesprächsführungs-, Kommunikations- und Feedbackverhalten verbessern („Ich gehe nicht mit einer vorgefassten Meinung in ein Gespräch." „Spreche ich richtig?" „Ich kann angeblich kein Feedback geben.")

- sein mikropolitisches Agieren reflektieren und verbessern („Umgang mit Politik und Diplomatie lernen." „Haue ich Leute in die Pfanne?" „Die Kultur des Umgangs miteinander im Managementboard.")

- seine Rolle in Konflikten reflektieren („Was war mein Beitrag zum Konflikt?") und Instrumentarien in der Konfliktbehandlung erwerben („Ich habe mich eher als Konfliktanheizer erlebt.")

- sein Führungsverhalten in erfolgskritischen Führungs- und Konfliktsituationen verbessern

Ariel: Superinteressant! Das leuchtet mir sehr ein. Allein indem ihr das so aussprecht, so zusammenfasst, blickt euer Coachee mit ganz anderer Distanz auf sich selbst. Das würde auch bei mir viel auslösen.

Sparring

Ariel: Ein Begriff, der aus dem Kampfsport kommt. Was hat er im Coaching zu suchen?

Ingo: Na ja, Sparring ist schon im Kampfsport eine Vorbereitung auf den Wettkampf, eine Art Training, ein wettkampfartiges Erproben, allerdings nach Regeln, die eine Verletzung des Sparringspartners vermeiden. Sparring ist im Coaching das Hantieren mit Positionen, die sehr aufgeladen sind, emotional und motivational, und das über eine längere Phase im Coaching hinweg. Wenn jemand etwa sagt: „Das ist doch Pipifax, was die da liefern!"

Dann sage ich zum Beispiel: „Wow, Pipifax, ganz schön abwertend, wie Sie darüber denken, womit sich Ihre Direct Reports da abmühen!"

Darauf vielleicht der Coachee: „Wieso? Finden Sie, das ist eine akzeptable Leistung, was die da abliefern?"

Ich: „Ja, das ist nicht nur eine akzeptable Leistung, das ist eine Hochleistung, was Ihre Direct Reports da vollbringen! Respekt! Erstens haben sie von Ihnen keine klare Maßgabe, wie sie agieren sollen, zweitens werden sie vom internen Kunden überrascht – und reagieren dennoch rollenadäquat, und dann auch noch mit ihrem gesamten Team! Drittens gelingt ihnen das, obwohl sie noch keine Zeit gefunden haben, sich ein klares Konzept zu machen – wie Sie sagen, fehlt das ja –, und viertens bemerken Ihre Direct Reports das Ganze auch noch und melden es Ihnen zurück. Und das – fünftens – innerhalb kürzester Zeit!"

Coachee: „Ich weiß nicht, mir reicht das nicht! Ich finde, hier kann man deutlich mehr konzeptionelle Kompetenz erwarten!"

Ich: „Na, dann sind wir ja immerhin schon einen Schritt weiter, wenn Sie nicht wissen. Worin genau besteht denn diese konzeptionelle Kompetenz, und wie können Sie so kommunizieren, dass sich diese Kompetenz in Ihrem System konstelliert?"

Ariel: Also sich zeigt.

Johanna: Eine klassische Form des Sparrings ist, wenn ich verbal die Rolle eines Counterparts des Coachees einnehme und – identifiziert mit dieser Rolle oder aus dieser Rolle heraus – den Coachee konfrontiere mit Andersartigkeit, Unerwartetem, Herausforderndem ... Und ich tue das sehr bewusst an den Punkten, die emotional, motivational, ethisch, also prinzipiell die größte Herausforderung für den Coachee darstellen.

Ingo: Auch das Sich-Distanzieren von Positionen kann eine Positionierung sein. Etwa wenn Karl Lauterbach, SPD-Gesundheitsminister, auf Nachfrage, was er von den Aktivitäten von Ex-Kanzler Gerhard Schröder als Aufsichtsratschef bei dem russischen Energiemulti Rosneft hält, sagt: „Es ist ganz klar, dass das, was er tut, mir nicht einfiele."

Johanna: Eine recht klassische Form des Sparrings ist auch die Gegenfrage. Also auf die Frage: „Herr Steinke, wie würden Sie das denn machen?" zu sagen: „Na ja, kann ich ja gleich mal zum Besten geben, aber: Wie wollen Sie das denn am liebsten lösen?" Also der erste Grundsatz des prozessbegleitenden Fragens lautet ja: Offen fragen, Klappe halten. Und der zweite Grundsatz: Frage erst mal den Coachee, was denn seine Lösung ist. Aber irgendwann kommt natürlich der Punkt, an dem ich meine Lösungsansätze, Strategien, die ich für geeignet halte, präsentiere und die dann auch begründe. Dann setze ich dies als Option neben das, was der Coachee eben für sich gefunden hat. Dieser ist dann womöglich wieder infrage gestellt und hat die Möglichkeit, seine eigene mit meiner Position abzugleichen. Das kann auch eine Form des Sparrings sein, dass ich mich zu erkennen gebe in meiner Haltung, in meiner Art des Umgangs mit bestimmten Situationen und Herausforderungen, in meiner Position.

Ingo: Es gibt manchmal Situationen, da sitze ich mit meinem Coachee da, höre aufmerksam zu und lächle nur gleichzeitig. Auf

einmal sagt der Coachee: „Sie finden das nicht so gut, was ich gerade sage, oder?" Ich sage: „Doch." Er sagt: „Nee, das glaube ich nicht." Ich: „Was glauben Sie denn, was ich darüber denke?" Der Coachee schildert, was ich denke. Ich sage: „Genau." Der Coachee sagt: „So ist das aber nicht!" Ich antworte: „Doch!" – „Nee, das können Sie so nicht sagen." – „Natürlich kann ich das so sagen. Denken Sie drüber nach." Das ist dieses wohlwollende Sparring mit dem *Ja-aber*. Ja, aber es könnte doch auch anders sein. Ja, aber das Gegenteil ist auch richtig, und zwar weil …

Johanna: Für mich befindest du dich da in gefährlichem Fahrwasser. Vorher sprachst du vom Meinung-Sagen, vom Korrektiv-Sein. Das geht in eine ähnliche Richtung. Für mich ist deshalb wichtig, da vorsichtig zu sein, weil ich sonst in meinem Coaching meine eigenen mentalen Strukturen reproduziere.

Ariel: Gut! Ihr beiden habt einen Dissens. Finde ich eine erfrischende Variante im üblichen Sich-die-Bälle-Zuspielen.

Ingo (zu Johanna): Das macht doch nichts.

Johanna: Wieso macht das nichts?

Ingo: Der Coachee hat seine mentalen Strukturen. Ich gebe meine dazu.

Johanna: Und dann haben wir lauter kleine Ingos als Coachees?

Ingo: Genau. Dann kann der sich mal im Spiegel eines Anderen sehen.

Ariel: Ist das nicht ein bisschen vermessen, sich hinzustellen und zu sagen, wie's läuft?

Ingo: Nein. Es gibt einen entscheidenden Unterschied zum Dialog, den du am Arbeitsplatz hast. Es geht hier nicht darum, dass ich recht habe. Auch nicht um einen Machtdiskurs. Es ist eine spielerische kommunikative Als-ob-Welt, in der wir sehr wohl härter konfrontierend auftreten können, weil es eben keine Konsequenzen hat, außer dass es die Wahl- und Handlungsmöglichkeiten des Coachees erhöht.

Johanna: Das sehe ich anders. Das hat sogar erhebliche Konsequenzen. Das kann den Coachee, auch wenn er erwachsen ist, durcheinanderbringen auf eine Art und Weise, die du vielleicht gar nicht möchtest. Wie schließt du diese Konsequenz aus?

Ingo: Indem ich das nicht zu exzessiv mache. Indem ich dafür sensibel bleibe. Ich will sein mentales Gerüst nicht auseinandernehmen, dass er nach dem Gespräch nicht mehr weiß, wer er ist, inkohärent wird, wie das emotional instabile Persönlichkeiten so hervorragend betreiben. Das ist nicht mein Ziel. Ich höre weit vorher auf. Aber ich widersetze mich einer gewissen Selbstverständlichkeit. Ich widersetze mich einer mentalen Zwangsläufigkeit, einer Widerspruchslosigkeit, die für mich an einer bestimmten Stelle nicht selbstverständlich ist. Ein Coach ist dazu da, zu *ent-selbstverständlichen*.

Johanna: Na, dann bin ich ja beruhigt. Das kann man übrigens sehr gut auch durch unbedingte Würdigung, indem man zum Beispiel sagt: „Ach, das ist ja ein interessantes Ziel, das du da verfolgst!"

Proaktives Zuhören

Ingo: Zum Sparring gehört auch eine ganz bestimmte Art, proaktiv zuzuhören, also vorauseilend, überbetont aktiv zuzuhören. An Stellen, an denen es für den Coachee überraschend ist, an denen man es im Dialog nicht erwartet oder wo es quasi unerhört ist, es auszusprechen, wird ein implizit mitgeliefertes Gefühl oder anderes Element des inneren Bezugsrahmens thematisiert. Zum Beispiel spreche ich dann plötzlich laut aus: „Ja, das ist schon sehr schmerzhaft, so von Mitarbeitenden abgelehnt zu werden." Oder: „Ja, ja, Ablehnung tut weh. Das gehört zum Kerngeschäft von Verkauf, Schmerzen auszuhalten."

Ariel: Ganz schön konfrontativ.

Johanna: Diese Art zuzuhören kann einen Menschen intensiv mit seinem „Sekundärprozess" in Verbindung bringen. Als primärer Prozess wird ja der innere wie äußere Prozess bezeichnet, mit dem ich mich identifiziere, den ich als „Meins" erlebe. Der sekundäre Prozess ist derjenige, der autonom, außerhalb unserer Kontrolle, unbeeinflussbar abläuft und der zunächst einmal als „Nicht-Meins" erlebt wird. Wie zum Beispiel unwillkürliche Körperbewegungen. Damit plötzlich in Verbindung zu gelangen kann sehr emotional sein und auch kognitiv festgefügte Zustände, zum Beispiel Glaubenssätze, Identitätsvorstellungen, Projektionen, wie etwas zu sein hat, in Bewegung bringen.

Ingo: Eine ähnliche Form der Positionierung wäre das proaktive Sharing. Also zwar authentisch, aber dennoch leicht überprägnant das eigene Mitgefühl äußern. Und es dem Coachee beispielsweise ermöglichen, das Ausmaß einer Belastung für sich zu erschließen. „Wow, das ist ja wirklich eine schwierige Situation, in der Sie da stecken. Und das ist vollkommen berechtigt, wenn Sie so etwas kränkt und Sie dann Rachegelüste entwickeln. Mir geht es nicht anders, wenn ich das höre. Was für eine schreckliche Ohnmacht, in der man sich da wiederfindet."

Johanna: Ich hatte vor vielen Jahren einen Coachee, eine Führungskraft, genauer einen Chefarzt, dessen Frau einen schweren Autounfall hatte. Sie war seitdem ein Pflegefall, denn sie hatte schwerste Hirnverletzungen davongetragen. Er hatte dies über Monate und Jahre – aus seiner Profession heraus – hervorragend gemanagt, sie war in bester Pflege und therapeutischer Behandlung, hatte wichtige Hirnfunktionen zurückgewonnen und Kompetenzen wieder aufgebaut, darunter einen Teil ihrer Sprache, er hatte ihr eine elektronische Gehhilfe konstruieren lassen, die sie aufrecht stabilisierte und mit der sie lernen konnte, über einen Steuerhebel wieder Schritte zu machen, er hatte mithilfe der Eltern, Schwiegereltern und enger Freunde das gesamte Familienleben durchorganisiert, für die beiden Kinder ein hervorragendes Umfeld geschaffen, während er selbst auch in seiner beruflichen Rolle Hochleistungen vollbrachte. Nun, im Coaching-Dialog, merkte ich, dass er die ganze Zeit davon sprach, was er machte, was dann passierte, wie er darauf reagierte und was er danach machte, wie andere halfen, dass es erneut eine schwere Operation habe geben müssen und so weiter. Ich hörte aufmerksam zu, dann sagte ich nach einer Weile:

„Ja, Mensch, was für eine Achterbahn der Gefühle. Es ist so schockierend und so traurig und sooo schön zu sehen, welche Fortschritte es gibt, was wieder geht, was für eine Freude und wie bewundernswert Ihre Frau dann kämpft und wie mutig, wenn sie sich in ihrem Zustand dann auf dem Fest ihren alten Freundinnen zeigt. Und man spürt den ganzen Stolz und das Glück darüber, was sie inzwischen wieder erleben kann, ihr ganzes so lebendiges Wesen kommt da zum Ausdruck – und ihre Tapferkeit, ihren Liebsten zu zeigen, guckt mal, es geht, und dann wieder dieses Entsetzen und die Angst, oh Gott, was würde ich bloß machen, wenn auch mir selbst jetzt so was zustößt. Während dann wieder und wieder dieses Gefühl der Hilflosigkeit mit diesem Zweifel auftaucht, womöglich werden wir ihr niemals so helfen können, wie sie es eigentlich bräuchte, sondern immer nur ansatzweise. Ja, was für eine große Herausforderung für Sie, für Ihre Kinder und Ihre Freunde. Was für eine Hochachtung sich da einstellt, wenn ich Sie da alle sehe, und gleichzeitig dieser Impuls, passt gut aufeinander auf, achtet auch auf euch selbst, was ihr selbst fühlt und braucht. Eine riesige Entwicklungsaufgabe, in der Sie da stehen, eine sehr abenteuerliche Reise mit sehr persönlichen Herausforderungen. Machen Sie ab und zu Rast, tauschen Sie sich aus, wo Sie sich gerade befinden, damit Sie weiter in gutem Kontakt bleiben.“

Ariel: Was ist die Conclusio aus diesem Fall?

Johanna: Mit einem Mal bekam dieser Mann wieder einen Zugang zu seiner inneren Erlebniswelt. Er hatte sich verloren in seinen Rollen als Arzt, als Vater, als Macher – und fühlte sich auf einmal wieder ganz.

Ingo: Coaching heißt schon, zunächst einmal sehr eng am Coachee zu sein. Zu erlauben, dass sich die Situation auf mich als Coach überträgt. Das Fachwort dazu: Containing. Der Coachee überträgt psychische Inhalte, etwa schwer erträgliche Gefühle wie Existenzängste, an mich als Coach und übereignet sie mir sozusagen zur Verwahrung, sodass er selbst damit keinen Kontakt mehr aufzunehmen braucht. Im Grunde kann der Coachee mir jetzt dabei zuschauen, wie ich seine Emotionen untersuche und bewältige. Der Coachee spaltet diese psychischen Inhalte ab, sodass er selbst damit nichts mehr zu tun hat, haben muss.

Wohl wissend, dass ich als Experte – ich bin ja kein unbeschriebenes Blatt – etwas mit diesen Inhalten mache, sie untersuche, sie analysiere, sie mit meinen Erfahrungen abgleiche und verarbeite. Die psychischen Inhalte des Coachees werden von mir als Coach modifiziert, quasi entschärft und dann von mir wieder ausgesprochen. Sodass der Coachee diese psychischen Inhalte dann quasi gefahrlos wieder in sich aufnehmen kann.

Johanna: Ich zeige mich in gewisser Weise auch, wenn ich dem Coachee meine Intuition, meine Phantasien, innere Bilder, die sich in mir einstellen, zur Verfügung stelle. Wenn ich bei einer Führungskraft zum Beispiel, der ich zuhöre, wie sie von ihrer Assistentin spricht, wie gut sie sich verstehen, wie sie Hand in Hand arbeiten, wie sie unausgesprochen merken, was mit dem Anderen los ist, was der jeweils Andere braucht und so weiter und so fort, dann mit einem Mal die Phantasie habe, dass die beiden da eine Art Arbeitsehe miteinander führen, dass sie auf eine Weise miteinander intim sind, die sie niemals mit ihren eigenen Partnern so ausleben könnten. Man kann das auch „Arbeit mit Metaphern" nennen, aber diese inneren Phantasien sind oft mehr als Metaphern im eigentlichen Sinne, sondern es sind komplexe symbolische Gebilde, die innerlich langsam Gestalt annehmen, vor dem geistigen Auge aufsteigen und sich in meinem Geiste einnisten, Raum in meinem Inneren einnehmen.

Ingo: Und diese Phantasien, inneren Bilder stellen wir dann dem Coaching-Dialog, dem Coachee zur Verfügung, um dann anzuschließen: „Wenn ich die Situation zwischen Ihnen da so schildere, was löst das in Ihnen aus?" Das ist manchmal echt beeindruckend – für beide, Coachee wie Coach –, was dann passiert, wie heftig sich der Coachee wehrt oder wie betroffen er dann übereinstimmt und die Situation glasklar spürt und erkennt. Eigentlich kann man das „Möglichkeitsräume initiieren" nennen. Du entwirfst umfassende Möglichkeitsräume des Denkens, Fühlens, Handelns, in die du den Coachee einladen kannst.

Ariel: Sehr praktisch für den Coachee.

Johanna: Wobei man dabei auch immer einen der Leitsätze von Milton Erickson bedenken sollte, auch er einer Urväter des ressourcenorientierten Arbeitens: „Don't work harder than the client." Wenn du als Coach dich mehr anstrengst als dein Coachee, dann verhinderst du, dass der Coachee aus sich heraus Wahrnehmungen und Lösungsansätze entwickelt, die dann auch wirklich seine sind und auf ihn passen.

Ingo: Allerdings verlassen wir diese therapeutische Anordnung im Coaching. Weshalb der Coachee auch nicht mehr Klient, sondern *Coachee* heißt, eine im Angloamerikanischen gebräuchliche Substantivierung des Vorgangspassivs (deutsch „Gecoachtwerdende"). Wir sitzen im Coaching einander nicht gegenüber, sondern wir sitzen eigentlich nebeneinander und schauen in die gleiche Richtung. Wir schauen uns an, was da los ist im Leben und Arbeiten des Coachees, beide, Coach wie Coachee, nehmen intensiv Kontakt auf mit der Lage, in der sich der Coachee befindet, der Coach lässt zu, dass sich die Situation einschließlich der Gefühle, Phantasien, Grund- und Glaubenssätze und so weiter vollständig an ihn überträgt. Man ist Seite an Seite wie gemeinsam *in* der Situation. Wir beziehen Stellung, wie wir das bezeichnen können, was da passiert, wir arbeiten uns *gemeinsam* dahin, zu begreifen, zu erkennen und zu benennen, was da real abläuft und wie man das erleben kann. Und wir schauen dann auch gemeinsam, welche Handlungsmöglichkeiten es da gibt, welche Strategien und Vorgehensweisen, wie sie sich in dem betrachteten Milieu in die Tat umsetzen lassen können und so weiter und so fort. Sinnbildlich gesprochen, sitzen wir im co-kreativen Arbeiten und in der Suche nach klaren Positionen *nebeneinander* und schauen auf die Realität, unabhängig wie wir uns physisch im Raum befinden, sitzend, stehend, gehend.

Ingo: Ich kann mich an eine Situation erinnern, als ich 15 Minuten mit einem Coachee hier saß. Er kam hierher, und nach einer Viertelstunde sagte ich ihm, dass mein Eindruck sei, er habe gar kein wirkliches Anliegen, und ich habe ihm das begründet. Das ist auch eine Form der Positionierung.

Ariel: Eine konfrontierende Positionierung. Wie ging das weiter?

Ingo: Der kam nie wieder. Was ich als richtig empfinde. Es gab weitere Verabredungen, die hat er aber nicht eingehalten.

Ariel: Bereut ihr manchmal solche Härte?

Johanna: Nein, überhaupt nicht. Das ist keine Härte. Das ist einfach nur: klar. Wie ein geschliffener Brillant. Es ist ein Element des Positionierens, dass man Klarheit und Härte nicht miteinander verwechselt. Härte hat immer Konsequenzen in der Realität und einen höheren Anteil an Aggression und Destruktion. Klarheit ist wohlwollendes unzweideutiges Aus- oder Ansprechen, was ist.

Sich zeigen

Ariel: Sich zeigen – kommen wir mal dazu. Was hat es damit auf sich?

Johanna: Sich zeigen ist auch eine Art des Sich-Positionierens. Und zwar durch eigene Erlebnisse, Beispiele aus dem eigenen Leben und Arbeiten. Allerdings ist nicht damit gemeint, zu reden, um zu zeigen, was man alles weiß, oder zu reden, um selbst etwas loszuwerden.

Ingo: Sich zeigen ist immer dann am wirksamsten, wenn ich von mir selbst oder von uns als Paar oder von mir in meiner Rolle als Geschäftsführer von Situationen erzähle, in denen ich persönlich am Abgrund stand, nicht wissend, was der nächste Schritt ist.

Johanna: Ja, das ist genau richtig gesagt. Es ist entscheidend, hier etwas zu offenbaren, das intim ist, von dem ich nicht jedem und nicht ohne Weiteres erzählen würde. Das ist auch mit starken eigenen Emotionen verbunden, die dann in dem Moment in mir selbst Raum greifen. Dies benötigt natürlich ein großes Maß an reflexiver Emotionalität, heißt: Ich nehme meine Gefühle in dem Moment wahr, kann sie aber auch angemessen ausdrücken, ohne davon wie im Affekt überwältigt zu werden.

Ingo: Mein Gefühl überträgt sich an den anderen, ich lasse also bewusst zu, was man eine „illusionäre Gegenübertragung" nennt. Der oder die andere kann sich selbst dadurch in meinem Erleben sehen.

Johanna: Ich nenne das immer: das eigene Hasenherz in die Hand nehmen. Sich zeigen ist eine der am stärksten wirksamen Interventionsformen im Coaching. Einfach ehrlich Farbe bekennen. Ohne Wenn und Aber zeigen, wo ich selbst mit einem Thema, einer Herausforderung als Mensch stehe. Ich merke, dass diese Art zu coachen unser Coaching fundamental verändert hat. Das Coaching ist jetzt eine viel tiefer gehende Erfahrung für den Coachee.

Ingo: Wir stellen eigene Erfahrungswerte zur Verfügung, ein Wort, das wir sehr mögen: Erfahrungs-Wert in der Bindestrich-Kopplung. Um so das Wort „Wert" darin sichtbar zu machen.

Johanna: Erfahrungswerte können die Urteilsbildung immer nur ergänzen – und nie vollständig ersetzen. Der jugendliche Überschwang, der die Erfahrungen des Alters per se als antiquiert zurückweist, ist ein Missverständnis. Es geht, wenn man Erfahrungen zur Verfügung stellt, nicht darum, jemandem zu sagen, was er tun oder lassen soll. Auch Erfahrungen gehören, philosophisch formuliert, der idealen Sphäre an. Sie können in der Regel nicht direkt in Handlungen in der aktualen Sphäre umgesetzt werden, dazu unterscheiden sich die Möglichkeitsräume, in denen Erfahrungen ursprünglich gemacht wurden, zu sehr von den Möglichkeitsräumen, in denen man sich aktuell befindet. Erfahrungen sind per se nicht normativ. Erst wenn sie mit Affekten durchmischt werden, bekommen Erfahrungen jene unangenehme Besserwisserei, die zu nichts führt als Abwehr.

Ariel: Habt ihr mal ein Beispiel für ein gelingendes Sich-Zeigen?

Johanna: Ich arbeite mit der ältesten von drei Schwestern, von denen zwei den elterlichen Handwerksbetrieb mit immerhin 35 Mitarbeitenden übernommen haben. Der Vater ist nun schon weit über 80 und wohl am Ende seines Lebens angekommen. Die Schwestern liegen im Clinch.

Die beiden älteren Schwestern haben den Betrieb übernommen und geraten immer wieder in Rangkämpfe miteinander. Denn die älteste Schwester (äS) von zwei jüngeren Schwestern (jS) hat von jeher ein Kommunikationsmuster an den Tag gelegt, das dazu dient, ihre beiden kleinen Schwestern zu steuern. Wir sind hier mitten im Thema Familienkonstellation, man visualisiert diese Situation so: äS^3(jS)^5(jS). Es liegen einmal drei und einmal fünf Jahre zwischen den Geschwistern.

Außerdem haben sich die beiden älteren Schwestern vollständig mit ihrer jüngsten Schwester zerstritten, die sich grundsätzlich von den beiden älteren übervorteilt fühlt, die die Geschäfte des Betriebes führen und gute Gewinne erzielen, und die sich schon immer vom Vater zurückgesetzt fühlte. Obwohl der Vater sie immer auf besondere Weise bedacht und unterstützt hat.

Nun kommt die Sprache auf das nicht mehr ferne Ableben des Vaters, und ich sage so einen Satz wie: „Seht zu, dass ihr die Themen zwischen euch geklärt bekommt, bevor der Vater stirbt. Wenn der Vater stirbt, gibt es häufig Streit, auch wenn man das gar nicht will. Ich habe das selbst mit meiner eigenen Schwester erlebt. Als unser Vater gestorben ist, sind wir in einer Vehemenz aneinandergeraten, die wir beide nicht für möglich gehalten hatten. Dabei gab es kaum etwas zu verteilen. Wir mussten nur die Wohnung auflösen. Aber weil sie auch unser Zuhause war, hat die ganze Kindheitssituation, die wir als schwierig erlebt hatten, voll auf uns übergegriffen. Übertragung nennt man so was. Da überträgt sich in einem hochemotionalen Moment eine ganze Familienhistorie auf die Nachkommen."

Meine Coachee – die älteste Schwester – guckt mich mit riesigen Augen an und sagt „Meinst du? Ich kann mir das gut vorstellen, dass so was passiert. Und ich habe schon die ganze Zeit Angst davor. Ich glaube, ich werde das mal angehen, noch ist der Alte ja ganz lebendig, aber wir sehen alle, wie er zusehends schwächer und auch vergesslicher wird. Und ich habe die Ahnung, wenn er erst mal tot ist, dann werden wir das nie mehr richtig miteinander klären können."

Darauf ich: „Diese Ahnung kann durchaus richtig sein, ich rate euch, das jetzt bald anzugehen, ihr habt dann größere Chancen, als Geschwister gestärkt aus der Situation hervorzugehen." „Und dann auch den Tod der Eltern erwachsener miteinander zu durchleben", höre ich mich sagen.

Ingo: Das Besondere am Sich-Zeigen ist, dass wir im Coaching nicht nur den Mut aufbringen, über *verarbeitete* Erfahrungen zu berichten. Auch über unverarbeitete können wir reden. Zulassend: Ich habe es auch nicht besser hinbekommen, als du es gerade erlebst. Oder: Ich verstehe das auch nicht. Ich weiß auch nicht weiter. Ich fühle mich auch überfordert. Obwohl ich vielleicht auf dem Gebiet erfahren bin, obwohl ich Coach bin. Das Entscheidende scheint mir zu sein, dass wir den Mut aufbringen, uns mit unseren Erfahrungen an der Seite unseres Coachees direkt an der Front der Erfahrungsgewinnung aufzuhalten. Und dabei das eigene Hasenherz in die Hand nehmen.

Ariel: Das finde ich sehr schön ausgedrückt.

Johanna: Aber noch mal: Dies muss emotional reflexiv erfolgen, selbst-bewusst – mir meiner selbst bewusst seiend – in Bezug auf das, was ich hier gerade mache. Es kann nicht angehen, dass ich einem Coachee in einer schwierigen Situation auch noch meine Innerlichkeit aufbürde. Also die Gegenübertragung muss auch immer enthalten: Ich stelle mich mit dir zusammen *deiner* Situation, und wir werden die Herausforderung meistern, eine

Lösung finden. Die Grundhaltung dabei ist also konstruktiv, hoffnungsvoll, zuversichtlich.

Ingo: Sich zu positionieren heißt in keinem Fall, jemanden oder etwas pauschal zu verurteilen oder zu entwerten. Sondern Positionierung beinhaltet immer, zu zeigen, was mit mir ist – in einem Dialog, der um das Thema oder die Herausforderung des Coachees kreist.

Ariel: Ich erinnere mich dunkel an einen Satz aus der Ausbildung, sinngemäß: Ich sage nicht alles, was wahr ist, aber was ich sage, ist wahr.

Ingo: Allerdings geht es hier nicht um beliebige selektive Authentizität, die aus gruppendynamischen Gründen von Bedeutung ist. Sondern das Sich-Zeigen ist inhaltlich motiviert und erfolgt an solchen Stellen im Coach-Coachee-Dialog, wo ein Coachee aus sich heraus nicht über ausreichend eigene innere und soziale Ressourcen verfügt, eine Situation wahrzunehmen, zu erkennen und zu meistern.

Johanna: Die Extremform dieses Kontinuums ist dabei: Ich darf nicht mit meinen Erfahrungen hausieren und missionieren gehen. Auf gar keinen Fall. Wenn ich merke, dass so etwas einsetzt, dann bin ich mittendrin in einer komplementären Gegenübertragung, in der ich als hilfloser Helfer versuche, den armen Coachee zu retten. Und dann höre ich sofort auf damit, mich in meinen Erfahrungswerten zu zeigen.

Ingo: Oder auch: Ich spüre, wie mich das Zurverfügungstellen von Erfahrungs-Werten oder Know-how narzisstisch auflädt. Ich bin der tolle Hecht, der weiß, wie es geht. Ich habe so viel erfahren und gebe meinem Coachee jetzt mal ein bisschen ab davon, damit er oder sie auch ein wenig an meinen wunderbaren Lebens- oder Arbeitserfahrungen teilnehmen kann. Wie großartig bin ich eigentlich inzwischen geworden! Wenn diese narzisstische Aufladung einsetzt, dann hat dies nichts mehr mit dem Sich-Zeigen zu tun, wie wir es hier verstehen.

Ariel: Und so etwas bemerkt ihr tatsächlich in Echtzeit?

Ingo: Hoffentlich. Oder spätestens nach Feierabend, beim Joggen oder beim Waldspaziergang. Um es dann in der nächsten Sitzung zu korrigieren.

Johanna: Übrigens, aus eigenen Erfahrungen heraus zu berichten und jemanden dabei zu bestätigen scheint im Coaching genauso wichtig zu sein, wie jemanden zu involvieren, emotional zu tiefen, neue Erkenntnisse, ein inneres Aufbrechen in neue Wahrnehmungen und Lösungen zu ermöglichen. Das Bestätigen in einem per se kritischen Unternehmensumfeld justiert einen Menschen innerlich in seiner Rollenwahrnehmung, im Rollenhandeln, im selbstbewussten So-Sein in einer Rolle.

Paradoxe Hinterlegungen

Ingo: Eine andere Art, sich indirekt zu positionieren, ist: den eigenen Statements, den eigenen Fragen als Coach ein Konzept, eine Theorie, eine Vorstellung, wie etwas funktioniert, zu hinterlegen und dieses Konzept dann quasi abzufragen.

Ariel: Verstehe ich nicht. Was meinst du damit?

Ingo: Genau das, was ich gesagt habe.

Ariel: Sag es gern noch mal anders.

Ingo: Mir wird berichtet, wie eine Kommunikation verlaufen ist. Ich hinterlege das Modell der „Vier Seiten einer Nachricht" und erfrage beim Coachee: Mal ganz nüchtern-sachlich betrachtet, worüber wollten Sie informieren? (Sachebene) Was wollten Sie beim Anderen erreichen? (Appell) Wie ging es Ihnen in dem Moment? (Selbstkundgabe) Wie stehen Sie zueinander, was hielten Sie in dem Moment von dem Anderen? (Beziehungsebene)

Johanna: Ein anderes Modell wäre das systemische Konzept der Interpunktion. Es bezeichnet die Tendenz, sein eigenes Verhalten als logische Reaktion auf ein vorangegangenes Verhalten eines anderen aufzufassen. Am berühmt-berüchtigten Beispiel des alten Ehepaars: Er verhält sich passiv und zieht sich zurück, sie neigt zu übertriebenem Nörgeln an ihrem Partner. Wenn man ihn fragt, warum er sich zurückzieht, nennt er als Grund das ständige Nörgeln seiner Frau. Wenn man sie fragt, warum sie andauernd an ihrem Mann herumnörgelt, dann führt sie als Grund das passive Sich-Entziehen an.

Ingo: Eine Form paradoxer Hinterlegungen wäre nun das paradoxe Fragen. Wenn jemand sich zum Beispiel genervt darüber beschwert, dass die Schwiegermutter andauernd vorwurfsvoll an ihrer Schwiegertochter herumkritisiert. Kaum hat man mit dem Kind ihr Haus betreten, sagt sie: „Wieso hat das Kind nichts an? Das wird sich noch den Tod holen!" Man könnte hier einfühlsam aktiv zuhören und reformulieren. „Ich merke, das macht dich wütend, wie deine Schwiegermutter spricht. Und sie verstößt auch gegen etwas, das dir sehr wichtig ist. Was löst das genau aus, wenn sie so spricht?"

Johanna: Stattdessen – oder danach – fragen wir: „Wie schaffst du es, dass deine Schwiegermutter so reagiert? Was machst du, das dazu führt, dass sie so ist? Wie kriegst du es hin, so eine Schwiegermutter zu haben?" Also, eine dieser Fragen reicht erst mal. Um dann später weiterzufragen: „Was machst du genau? Wie guckst du, wie sprichst du, wie bist du innerlich gestimmt, dass deine Schwiegermutter garantiert so reagiert?" Darauf vielleicht die Coachee: „Ich? Ich mache gar nichts! Sie kritisiert doch andauernd vorwurfsvoll an meinem Kind herum." – „Ach, du machst nichts! Das ist ja eine interessante Art und Weise, jemanden dazu zu kriegen, kritisch aufs Enkelkind einzureden! Auf welche Weise muss man denn bei euch ‚nichts tun', damit das auch sicher klappt, dass sie so reagiert?"

Ingo: Paradoxe Hinterlegungen sind im Prinzip Fragen, die implizit den eigenen Anteil thematisieren, den ein Coachee an einem Problem oder dessen Entstehung hat. Das kann man allerdings nur machen, wenn es wahrscheinlich ist, dass der Eigenanteil in der Haltung oder im Verhalten eines Coachees auch tatsächlich zu einer beklagenswerten Situation beigetragen hat oder gar aktuell noch beiträgt.

Ich könnte jetzt fragen: „Wie machen Sie das, dass jetzt das Problem und die Wut wieder im Vordergrund sind statt die innere Beschäftigung mit Lösungsansätzen und den begleitenden Gefühlen der Zuversicht?" „Wenn ich das nachmachen wollte, was Sie immer wieder in diese Misere bringt, wenn ich es so nachmachen wollte, dass es mir dann auch genauso ergeht wie Ihnen, was müsste ich dann innerlich wie äußerlich tun oder unterlassen?" „Wie passiert so etwas, das Sie da machen?" „Wie vollzieht sich so etwas?" „Was muss ich tun, damit ich an derselben Stelle immer genauso scheitere wie Sie?" „Ich merke, du bist total wütend. Und ich frage mich: Wie kommt das, wie entsteht das, dass ihr beiden da landet? Was tust du dazu, was tut die Andere dazu?"

Wenn da etwas passiert, das weit außerhalb des Einflussbereiches des Coachees liegt, stellen paradoxe Hinterlegungen generell eine im Coaching unzulässige Personalisierung, Psychologisierung oder gar Pathologisierung von Seins- oder Verhaltensweisen des Coachees dar, die angesichts einer nicht durch ihn selbst zu verantwortenden objektiv prekären Gesamtlage sowohl richtig als auch falsch sein können.

Ariel: Hinterher ist man eben immer schlauer.

Ingo: Schon wenn ich nach dem Entwicklungsschritt suche, den jemand zu gehen hat, oder nach dem inneren Prozess, an dem jemand unbewusst oder unterbewusst arbeitet, positioniere ich mich im Grunde. Ich hinterlege damit ein Konzept. Und das hat in der Regel eine verstörende Wirkung, die dazu führen kann, dass gewohnte Sichtweisen bewusst oder hinterfragt werden können.

Johanna: Überall dort, wo Menschen sich als Opfer erleben, aber es nicht zwangsläufig sind, wie bei einem Überfall oder einer Katastrophe, kann man durch paradoxe Hinterlegung Reflexionsprozesse auslösen: Jemand beklagt sich zum Beispiel darüber, dass er zum Opfer der sich entwickelnden Verhältnisse wird. Und wir fragen: „Wie machen Sie das eigentlich, dass das so katastrophal verläuft?" Da denkt der Coachee erst einmal: Moment, die anderen sind doch aktiv, die Verhältnisse sind schuld, ich bin doch das Opfer! Mit solch einer verstörenden Frage konfrontiert man und positioniert sich implizit.

Ariel: Hat so was eigentlich auch ethische Grenzen? Oder kann man das in jedem Fall tun?

Johanna: Grundsätzlich gilt, dass wir paradoxe Interventionen nur dort einsetzen, wo Menschen stabil genug sind, sich zu dissoziieren. Man spricht hier von einer ausreichenden Kohärenz des Ich-Komplexes. Wenn Menschen traumatisiert sind oder sonst wie gerade emotional schwer verarbeitbare Erfahrungen gemacht haben, verbietet es sich, so zu arbeiten. Wir müssen hier primär assoziierend arbeiten, das heißt, die Menschen müssen das, was ihnen widerfahren ist, zunächst einmal realisieren, annehmen, sich innerlich damit verbinden. Es verbietet sich zum Beispiel, eine Frau, die gerade Missbrauch erlebt hat, danach zu fragen: „Wie hast du das gemacht, dass der Typ dir Gewalt angetan hat?" In dem Moment arbeite ich parteiisch an der Seite der Frau, bin bei ihr, teile ihr Entsetzen, teile empathisch dann mit ihr all diese Gefühle von Ekel, Schmerz, Wut, Ohnmacht, Angst, Schuld und ermögliche ihr, sich mit diesen Gefühlen zu assoziieren. Hier ist noch nicht einmal zirkuläres Fragen erlaubt: „Was würde deine beste Freundin dir jetzt raten, was du tun könntest?" Weil, es geht hier noch gar nicht um Lösungen, darum, sich vom Problem zu lösen, um das Problem zu lösen, sondern um das sukzessive Annehmen und Sich-Verbinden damit, dass dieses schreckliche Erlebnis stattgefunden hat und nun ein Teil von mir ist. Das nennt man Assoziation.

Emotional tiefgreifend bewegende Situationen erleben Menschen ja häufig – und kommen damit natürlich auch ins Coaching. Hier arbeiten wir überhaupt nicht mit paradoxen Hinterlegungen. Dies zeigt einmal mehr, wie wichtig es für einen Coach ist, methodenplural arbeiten zu können. Man kann die ganze Welt des Coachings eben nicht durch das Nadelöhr eines sozialwissenschaftlichen Ansatzes zwängen.

Arbeit mit Metaphern

Ariel: Ganz kurz noch mal, ehe wir weiter in dieses Thema einsteigen – was sind noch gleich Metaphern?

Johanna: Du bist hier doch hier der Germanist am Tisch.

Ariel: Stimmt. Metaphern sind Sprachbilder und das wohl am häufigsten verwendete rhetorische Stilmittel. Das Kamel wird zum Wüstenschiff, der Mann, der cool bleibt, zum Fels in der Brandung. Ihr sagt, die Arbeit mit Metaphern ist eine Form der Positionierung. Inwiefern?

Johanna: Eine Metapher ist ja, wenn ich ein Wort – oder einen ganzen Wortzusammenhang – aus dem einen Kontext in einen anderen Kontext verpflanze. Also wenn ich etwas aus seinem „natürlichen" Bedeutungszusammenhang in einen anderen überführe, sodass ein Vergleich entsteht. Der viel zitierte Begriff, um das an einem Beispiel deutlich zu machen, ist *Mimose*, also wenn ich einen hypersensiblen Menschen als Mimose bezeichne. Eine Mimose ist ursprünglich eine empfindliche Blume, ich stelle also einen Vergleich zwischen dieser empfindlichen Blume und einem Menschen her. Eine häufige Einleitung für den Gebrauch einer Metapher im Coaching ist zum Beispiel „Das ist ja wie … !" Wobei ich oft, wenn ich diesen Satz beginne, selbst noch nicht weiß, wie er enden wird, das heißt, ich suche noch nach einer passenden Metapher, während ich spreche.

Ingo: Man kann auch Metaphern, die Coachees benutzen, hinterfragen und das dabei hinterlegte Konzept erkunden. Was heißt etwa „Der ist mir auf die Füße gelatscht"? Wenn man so etwas hinterfragt, dann kommt in der Regel eine ganze Konstruktion aus Prinzipien, Glaubenssätzen, Vorstellungswelten, Urteilen zum Vorschein, was wahr oder unwahr ist, was richtig und falsch ist, wie man sich verhalten sollte, worum es dabei im Prinzip geht und so weiter. Ich finde die Arbeit mit Metaphern sehr lohnenswert.

Johanna: Metaphern erscheinen oft eher unbemerkt in gewöhnlichen Formulierungen, zum Beispiel an etwas *hängen*, jemanden *fallen lassen*, in ein Thema *eintauchen*, jemanden *angreifen*. Manchmal werden sie aber auch regelrecht als gedankliches Konstrukt sehr deutlich transportiert, zum Beispiel in *Teufels Küche* kommen, *Sonne* im Herzen haben. Im Grunde werden in einer Metapher zwei getrennte Sinnbereiche, also etwa Gefühle und Natur, in einen ungewohnten Zusammenhang gerückt. Das macht auch das Verstörende von Metaphern aus. Einem Gegenstand wird durch den Vergleich mit einem anderen seine besondere Bedeutung verliehen. Das Wesen einer Metapher besteht darin, dass wir durch sie ein Phänomen in Begriffen eines anderen Phänomens verstehen und auch emotional erleben können. Metaphern helfen, Erfahrungen durch die Begriffe anderer Erfahrungen zu verstehen, zu strukturieren, zu verändern.

Ingo: Sprachmetaphern basieren auf übergeordneten Konzepten, die unser Denken charakterisieren und strukturieren: Wenn ich das Gesprächsverhalten eines anderen als *ständiges Angreifen* beschreibe und mich *durch die Argumente erschlagen* fühle, sodass ich schließlich nur noch *kapitulieren* kann, denke ich in Begriffen der Kriegsführung und erlebe das Gespräch als Kampf. Den metaphorischen Redewendungen liegt das Konzept *Diskussion als Kampf* zugrunde.

Johanna: Solche metaphorischen Konzepte können nicht nur unser Denken, Fühlen und Sprechen, sondern auch unser Handeln bestimmen. *Zeit ist Geld* charakterisiert zum Beispiel unseren Umgang mit Zeit. Zeit ist eine begrenzte Ressource, mit der ich sorgsam haushalten sollte, also beeile ich mich. Dahinter steckt ein ganzes metaphorisches System: Zeit wird *investiert* oder *eingespart*, etwas *kostet* Zeit, Zeit kann *verschenkt* werden.

Ingo: Ganz wichtig: Metaphern haben etwas Bildhaftes und sprechen auch die vorbewussten und unbewussten Schichten unserer Gesamtpersönlichkeit an. Jede Metapher betont und verbirgt gleichzeitig Bedeutungen. Indem für die Beschreibung einer Erfahrung die Begriffe eines anderen Erfahrungsbereiches verwendet werden, werden bestimmte Aspekte dieser Erfahrung betont und andere verborgen. Eine Diskussion in Kampfbegriffen zu beschreiben betont den aggressiven Aspekt, verbirgt aber den kooperativen Aspekt, der jede gelingende Diskussion kennzeichnet.

Johanna: Und diese vor- beziehungsweise unbewussten Aspekte von Metaphern können wir durch die Nutzung oder das Hinterfragen von Metaphern für das Coaching aktivieren. Wir können die hinterlegten Konzepte explorieren und für Erkenntnis-, Lösungs- und Handlungsprozesse nutzbar machen.

Ariel: Und wo genau ist hier die Positionierung?

Ingo: Ich akzentuiere einen bestimmten Aspekt, den der Coachee so vorher nicht gesehen hat. Ich liefere ihm eine andere

Wahrnehmungsposition zu seiner Realität – eine, die sich in seiner eigenen Sprache verborgen hat, für ihn möglicherweise nicht sichtbar.

Ariel: Er hatte Tomaten auf den Augen.

Sich wundern und professionelles Nicht-Wissen

Ariel: Kommen wir zu zwei Kleintechniken.

Johanna: Die eigentlich zwei Seiten einer Medaille sind.

Ingo: Die erste: sich wundern. Das ist besonders wichtig bei kulturellen Phänomenen in einer Organisation. Etwa wenn eine Führungskraft aufsteigt und über wenig Know-how verfügt, wie man sich elegant auf diesem Terrain bewegt. Es ist eigentlich eine sanfte Art zu konfrontieren: „Ach guck mal, das ist ja interessant! So würden Sie die Erstgespräche einleiten, mit den Kollegen, dem Betriebsrat, den Peers?"

Johanna: Wir lieben Sich-Wundern als Einleitung zu einer Positionierung: „Huch? Wie kommen Sie jetzt darauf? Für mich stellt sich die Situation so dar …"

Man kann das Sich-Wundern gut als Dreiklang praktizieren: 1) Sich-Wundern – 2) Loslaufen – 3) Hypothetisieren. Ich gebe mal ein Beispiel.

1) „Ach, das ist erstaunlich, weil das ja eigentlich …"

2) „Was halten Sie davon, wenn Sie einfach …" – „Vielleicht wäre es ja aber besser, wenn …" – „Oder vielleicht wäre es ja auch gut, zu …"

3) „Oder ist es vielleicht so, dass …? Dann könnte es auch so sein, dass Sie womöglich besser beraten sind, wenn …"

Na ja, ist nun nicht gerade das Herzstück co-kreativen Arbeitens im Coaching, kommt aber immerhin schon mal vor.

Ingo: Dazu gehört auch das „professionelle Nicht-Wissen". Oder auch: lautes Erkennen. Ich höre aus einer Position des Nicht-Wissens zu, bin neugierig, wie jemand etwas macht und begründet, ganz unabhängig davon, was ich über den betreffenden Gegenstand schon weiß.

Johanna: Besonders wirksam ist es, wenn du als Coach deine eigene echte Erkenntnis, die du gerade im Coaching hast, mit dem Coachee teilst. Es kommt dir eine Ahnung, eine Einsicht im wahrsten Wortsinne, eine Erkenntnis, und durch lautes Denken und Fühlen während dieses Erkenntnisprozesses teilst du mit dem Coachee, wie dir selbst so langsam ein Licht aufgeht. Das ist eine starke Form der Positionierung, die zu emotional bewegten Reaktionen des Coachees führen und eine mentale Neujustierung auslösen kann.

Ariel: Wie seid ihr darauf gekommen? Gibt es auch hier sozialwissenschaftliche Urväter oder -mütter?

Ingo: Schön zusammengefasst findet man diesen Themenkomplex bei Matthias Nörenberg, in seiner Veröffentlichung „Professionelles Nicht-Wissen. Sokratische Einredungen zur Reflexionskompetenz in der Sozialen Arbeit".

Wahrnehmungspositionen doppeln

Johanna: Nehmen wir folgenden Fall an: Ich habe einen Konflikt mit einer Kollegin, einen, der mich sehr beschäftigt. Wenn ich in mich hineinhorche, spüre ich, wie wütend und enttäuscht ich bin – oder gegen welche meiner Grundprinzipien sie verstoßen hat. Wir nennen dies die 1. Wahrnehmungsposition: Ich nehme die Welt nur durch meine Brille wahr, ich assoziiere mich mit meinem eigenen Erleben.

Ingo: Ich kann mich aber auch in meinen Counterpart, meine Konfliktpartnerin hineinversetzen. Ich wechsle dann in einen anderen Bezugsrahmen, den, den ich für meine Kollegin hypothetisiere. Ich kann nun den Konflikt – mich selbst, aber auch die Beziehung zwischen mir und meiner Kollegin – aus einem anderen, ihrem Blickwinkel betrachten. Das ist die 2. Wahrnehmungsposition: Ich setze ihre Brille auf, ich dissoziiere, ich löse mich von meinem Erleben.

Johanna: Oder aber ich begebe mich in die Position einer neutralen Beobachterin. Dies könnte zum Beispiel die Vorständin sein oder meine Oma, sofern sie mit dem Geschehen nichts zu tun haben, oder einfach *die neutrale Beobachterin.* Jetzt wechsle ich erneut den inneren Bezugsrahmen, nämlich den, den ich für eine unabhängige Beobachterinstanz hypothetisiere. Wir nennen dies die 3. Wahrnehmungsposition. Auch hier bin ich dissoziiert von dem ursprünglichen inneren Erleben – wieder entsteht ein Unterschied.

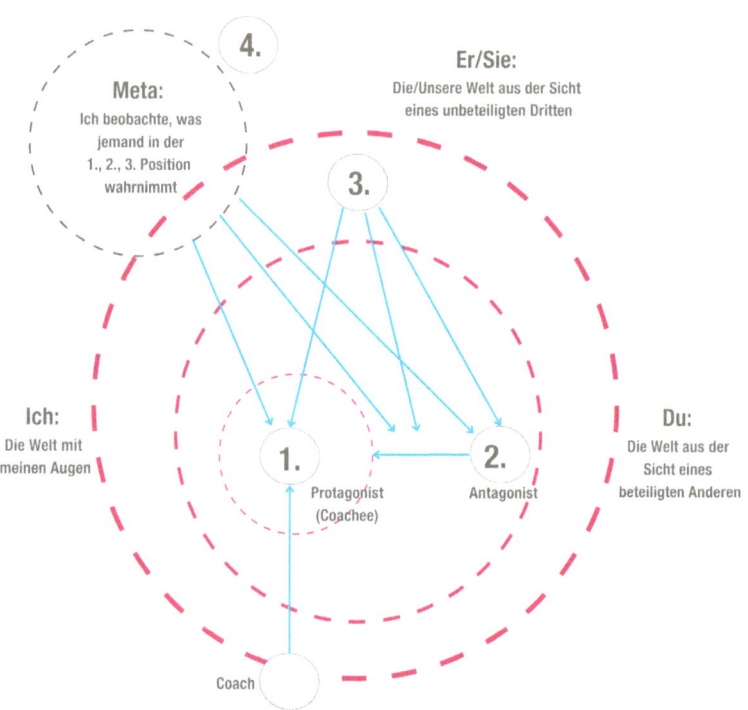

Ingo: Und viertens könnte ich die Metaposition einnehmen, die 4. Wahrnehmungsposition. Hier verbleibe ich in meinem inneren Bezugsrahmen, stelle mich aber quasi neben die Gesamtsituation – oder aber neben eine der anderen Wahrnehmungspositionen – und betrachte sie. Dies ist eine erneute Dissoziierung, die man zum Beispiel durch die Frage einleiten kann: „Wenn du mitten in der Konfliktsituation neben dir stehen würdest, was würdest du dir selbst gern mal sagen?" Oder: „Mal angenommen, du wärst die Drehbuchautorin des Stückes, das da gerade auf der Bühne des Lebens aufgeführt wird: Wie findest du das Stück? Wie würdest du das Stück umschreiben, was würdest du anders ablaufen lassen?"

Johanna: In jeder Wahrnehmungsposition wird wieder ein Unterschied kreiert, kommunikativ eine Systemgrenze gezogen und die Vorstellungs- und Erlebniswelt des Coachees als außerhalb einer vorangegangenen Gedanken-, Gefühls- und Kommunikationswelt definiert.

Ariel: Und was hat das mit eurer Positionierungstechnik zu tun?

Johanna: Diese Art zu arbeiten variieren wir nun: Nicht nur der Coachee durchläuft alle Wahrnehmungspositionen, sondern wir begeben uns als Coach ebenfalls in jede der Wahrnehmungspositionen. Nachdem wir den Coachee unterschiedliche Wahrnehmungspositionen haben durchlaufen lassen, setzen wir uns immer mal auf einer Wahrnehmungsposition dazu und liefern dem Coachee unsere Wahrnehmung hinzu. Natürlich stets nach dem Grundsatz: Erst fragen, dann sagen, erst sich interessieren, dann sich zeigen. Also zunächst wird die Wahrnehmung erfragt, die ein Coachee auf einer der oben genannten vier Positionen hat, dann sind wir als Coach dran.

Ingo: Manchmal lassen wir den Coachee auch mehrere Wahrnehmungspositionen durchlaufen, bevor wir selbst sie experimentell und explorativ einnehmen. Hier besonders, aber auch generell ist dabei extrem darauf zu achten, dass der Coach nicht als Besserwisser daherkommt, sondern mit viel Feingefühl und Einfühlung additiv arbeitet, das heißt lediglich die Aspekte akzentuiert, die der Coachee womöglich unterbelichtet hat.

Ariel: Interessant.

Co-kreatives Sprechdenken

Ariel: Ganz kurz in einem Satz – was kann, was nützt dieses Tool?

Ingo: Beim co-kreativen Sprechdenken geht Know-how von einem Einzelnen an eine Gruppe über, indem er zeigt, wie man handelt, Probleme bewältigt, an eine Aufgabe herangeht. Und das ganz praktisch, vor aller Augen und Ohren. Eine Person stellt sich einer Herausforderung, die Anderen gucken ihr dabei zu und lernen so, die Herausforderung ebenfalls zu meistern.

Ariel: Zum Beispiel?

Ingo: Ein mittelständisches Unternehmen braucht eine neue Telefonanlage, die Kollegen im IT-Controlling fragen sich, wie sie da herangehen sollen, weil sie noch nie dabei waren, während eine Telefonanlage im gesamten Unternehmen ausgewechselt wurde. Ein erfahrener Kollege, der schon oft technische Systemveränderungen mitgemacht hat, setzt sich vor das Team und fängt laut vor sich hin sprechend an, das Thema zu durchdenken und eine Vorgehensweise zu entwickeln. Die anderen Kollegen hören und gucken zu.

Ariel: Was ist daran Positionierung?

Ingo: Der Mensch, der das vorführt, positioniert sich vor dem Hintergrund seiner Erfahrung. Er hat ja auch noch nie eine Telefonanlage in dem gesamten Unternehmen ausgetauscht. Er hat wohl aber Erfahrungen mit großen Systemumbauten. Sein Knowhow über die Art, wie man das meistern kann, ist also eine einzige Positionierung.

Ursprünglich haben wir dieses Tool für Teams entwickelt, damit Experten ihr Erfahrungswissen rasch an Teammitglieder weitergeben können. Also: Du hast hier die sachverständigen, erfahrenen Expertinnen, die komplexe Zusammenhänge und Probleme rasch durchdringen und lösen können, und willst dieses Know-how, oder besser Do-how, an unerfahrenere, jüngere Teammitglieder übertragen. Damit sie im Alltag schneller und einfacher zu den Informationen und den Lösungen vordringen. Die Teammitglieder sollen außerdem lernen, nicht allein „wie der Ochs vorm Scheunentor" vor einem Problem zu versteinern – sondern die Kraft des Teams, die Kreativität der Gruppe anzuzapfen. Eine Erfahrung, auf die die Teammitglieder auch später jederzeit zurückgreifen können sollen, wenn sie nicht weiterwissen.

Johanna: Es funktioniert folgendermaßen:

1) Eine Expertin oder mehrere Experten werden in den Kreis der Teammitglieder eingeladen, die von dem Expertenwissen profitieren wollen. Wir gehen jetzt mal von einer Expertin aus. Sie wird vorab über die Methode des lauten Denkens und den weiteren Verlauf des Meetings informiert.

2) Die Expertin setzt sich so, dass die Teammitglieder sie beobachten können.

3) Die Expertin erhält eine reale Aufgabe, die die Teammitglieder zurzeit lösen müssen, aber noch nicht lösen können. Das kann ein Beschaffungsauftrag sein oder eine Anfrage, die schwer zu beantworten ist. Wichtig ist: Die Expertin kennt die Aufgabe vor dem Meeting nicht, sondern wird erst jetzt in dem Meeting mit dieser Aufgabe konfrontiert.

4. Die Expertin wird gebeten, die Aufgabe zu lösen, während die Anderen zuschauen.

5. Die Expertin löst die Aufgabe und verbalisiert dabei jeden Gedankengang. Sie spricht laut aus, was sie sich fragt, an wen sie sich wendet, zu welchen Schlüssen sie gelangt, welche Informationen auch ihr fehlen. Sie bemüht sich dabei um keinerlei Systematik oder Struktur, sondern handelt spontan und intuitiv,

so, wie sie auch ohne Beobachter verfahren würde. Das laute Denken funktioniert dann besonders gut, wenn die Expertin dabei einen Ansprechpartner hat, mit dem sie ihre Vorgehensweise berät. Das kann entweder eine weitere Expertin sein oder eine Person aus dem Kreis der Teammitglieder, die sie als Ansprechpartnerin nutzen darf.

6. Die Teammitglieder schauen und hören zu und erleben, wie die Expertin an die Lösung der Aufgabe herangeht, welche Fragen sie stellt, welche Antworten sie findet, an wen sie weitergehende Anfragen stellen würde, welche Schlüsse sie aus Informationen zieht. Alle notieren die für sie erkennbaren Elemente und Schritte bei der Lösung des Problems.

7. Eines der Teammitglieder veröffentlicht seine Beobachtungen auf einem Flipchartpapier.

8. Die anderen Teammitglieder diskutieren die vorgestellten Inhalte anhand von dem, was sie selbst beobachtet haben.

9. Die Expertin ergänzt die Beobachtungen des Teams. Das ist auch für die Expertin lehrreich, wenn sie schwarz auf weiß sieht, wie sie vorgeht, wo sie anders hätte vorgehen können, Lösungsschritte hätte einsparen können. Auch das teilt sie dem Team mit.

10. Die Mitschrift ist dann eine Art Wissenspäckchen, das im Anschluss an die Sitzung ausgearbeitet, mit Schaubildern oder Links versehen werden kann und so abgelegt wird, dass auch Dritte darauf zugreifen können.

Ariel: Das klingt wirklich extrem effizient. Leuchtet mir ein.

Johanna: Es ist eine Gruppenmethode – die sich auch für Einzel-Coachings eignet. Wir nutzen sie oft: dass wir uns hinsetzen und laut reflektieren, durchdenken, durchfühlen, wie sich uns eine Situation darstellt, eine ganze Weile vor uns hin reden, bis wir dann wieder sagen: Wenn ich das alles so sage, was löst dies jetzt in dir aus? Und schon kann es weiter mit rein prozessbegleitendem Coaching gehen.

Das co-kreative Sprechdenken ist nicht dazu da, dass ich mich hier in irgendeiner Weise narzisstisch auflade und produziere. Sondern ... Und ich tue es in jedem Fall nur, wenn es angebracht ist. Wenn es dem Coachee nützt.

Ariel: Gibt es eigentlich auch co-kreatives Fühlen?

Johanna: Na klar. Im co-kreativen Sprechdenken als Coach spreche ich natürlich alles aus, was in mir ist, auch Gefühle, jedenfalls insofern der Rahmen, in dem es abläuft, es hergibt.

Co-kreativer Input

Ariel: Was hat es nun mit eurem *co-kreativen Input* auf sich? Und was hat es mit Positionierung zu tun?

Ingo: Diese Technik ist aus unserer Begegnung mit Lovin & Casstevens entstanden. Das sind zwei amerikanische Erwachsenenpädagogen, die 1971 das erste Buch über Coaching im Management verfasst haben mit dem Titel „Coaching, Learning, and Action". Sie schreiben etwas sehr Wahres, wie wir finden: Coaching lehrt nicht, sondern hilft zu lernen. Ein Coach soll für einen Coachee Lernfelder in seinem Job schaffen, mit deren Hilfe dieser in seine Managementrolle hineinwachsen kann, praktisch einen Learning Parcours aus Opportunities to Learn. So kann ein Coachee eine Entwicklungsreise erleben und sich entwickeln.

Johanna: Und sie sagen, Coaching sei im doppelten Sinne erfahrungsbasiert. Erstens habe ein Coach an den vorhandenen Erfahrungsbeständen eines Coachees anzuknüpfen, andererseits sei es seine Aufgabe, die Grundüberzeugungen des Coachees, die aus Erfahrungen erwachsen, zu erkennen und zu modifizieren. Denn jemand, der sich seit 20 Jahren an seinem Arbeitsplatz befinde, sei keineswegs immer besser als jemand, der sich dort erst seit einem Jahr aufhält. Eingefahrene Denk- und Verhaltensmuster sollen im Coaching so verändert werden, dass zu Lernendes quasi als eigene Erkenntnis des Coachees ins Selbstkonzept aufgenommen werden kann.

Ingo: Und Lernen ist im Coaching nicht nur Lernen aus Erfahrung, sondern Lernen durch Erfahrung. Sie nennen das deshalb Coaching on the Job. Für Lovin & Casstevens steht nicht das richtige Lehren, sondern das richtige Begleiten von Lernen im Zentrum. Ein Coach lehrt, ohne zu belehren.

Johanna: Man kann diese Methode auch „anliegenzentrierte Themenvermittlung" nennen, weil die Vermittlung von Know-how oder besser Do-how sehr nah am Anliegen des Coachees erfolgt.

Ingo: Für die Coachenden bedeutet dies, dass sie thematisch und methodisch darauf vorbereitet sein müssen, Themen situativ anliegenzentriert co-kreativ zu vermitteln. Dies ist im Grunde eine sehr hoch entwickelte didaktische Kompetenz, die wir auch aus dem kennen, was wir heute Lern(prozess)begleitung nennen.

Ariel: Wie macht ihr das genau? Habt ihr mal ein Beispiel?

Ingo: Man kann folgendes Prozedere hinterlegen, in sechs Schritten:

1) Das Anliegen klar formulieren: Wie gelingt es mir, …? Wie schaffe ich es, …?

2) Die Historie, den Kontext explorieren: Was ist passiert? Wie steht ihr aktuell zueinander? Wie wird es normalerweise im Betrieb gemacht?

3) Ressourcen aktivieren: Wie gehst du normalerweise vor? Wie würdest du da konkret herangehen?

4) Ergänzen: Was man noch machen könnte, ist … Was man anders machen könnte, ist … Was ich dir ergänzend mit auf den Weg geben möchte, ist …

5) Sich positionieren, vor allem in ethischen Fragen: Im Prinzip geht es darum, dass … und ich würde deshalb darauf achten, … zu tun, zu sagen.

6) Die Schlüsselsituation face to face üben: Rollenspiel zu der größten Herausforderung, vor der ein Coachee steht.

Johanna: Wir machen das so, dass wir Themeninhalte stets an der impliziten Struktur, die ein Coachee verfolgt, oder an dem einem praktischen Tun immanenten Prozess entlang vermitteln. Wir ergänzen dann nur noch das, was uns Erfahrungs- beziehungsweise Wissensvorräte zusätzlich bieten. Die Strukturen oder Prozesse des Coachees holen wir uns zuallererst von ihm selbst.

Ariel: Das ist jetzt sehr abstrakt.

Ingo: Nehmen wir zum Beispiel eine Führungskraft, die ein schwieriges Mitarbeitergespräch vor der Brust hat. Es gibt Probleme mit der Performance eines Teammitglieds, das sich immer wieder verschlossen zeigt und Gesprächsangebote bisher ablehnt, und wir coachen die Führungskraft dabei, das Gespräch zu meistern.

Ariel: Ja, verstehe ich.

Johanna: Wir klären zunächst das Anliegen, meist endet das mit einer Ausgangsfrage: „Wie kann ich …?" Oder: „Wie gelingt es mir, so zu kommunizieren, dass die Wahrscheinlichkeit steigt, dass das Teammitglied sich öffnet?"

Johanna: Wir sagen dann so etwas wie: „Du hast dir ja bestimmt schon Gedanken darüber gemacht, wie du in dem Gespräch vorgehen willst." Wenn die Führungskraft daraufhin „Nein" sagt, dann fragen wir konjunktivisch nach: „Wie könntest du denn vorgehen?" Wenn sie „Ja" sagt, dann fragen wir nach: „Und, wie würdest du vorgehen?"

Ingo: Nicht selten gibt es für solche Situationen Standards, etwa für Jahresgespräche oder wie man dort Beurteilungsgespräche führt oder Feedbackregeln, die eingehalten werden sollen. Die kann man dann einbeziehen. Wichtig bleibt aber, dass die Führungskraft sagt, wie sie aus sich heraus vorzugehen gedenkt. Also in diesem Fall: wie sie vorgehen will, um ihr Gesprächsziel zu erreichen, dass sich das Teammitglied stärker als bisher öffnet. Dies wäre ja quasi der Dreh- und Angelpunkt des anstehenden Mitarbeitergesprächs.

Coaches, die nur prozessbegleitend arbeiten, trauen sich oft nicht, ihr Know-how über die Praxissituation dem Coachee zur Verfügung zu stellen. In diesem Fall ganz handfest: Wie führe ich ein schwieriges Mitarbeitergespräch? Und genau das tun wir. Erlauben wir uns. Weil wir daran glauben, dass wir dem Coachee etwas mit auf den Weg geben können, wo er selbst über nicht ausreichende Ressourcen verfügt.

Ariel: Echt? Das würden viele Coaches vermeiden? Schwer zu glauben.

Ingo: Ja. Krass. Oder? Insbesondere wenn sie strikt nach der prozessbegleitenden, systemisch-lösungsorientierten Methodik vorgehen. Die stammt wesentlich von Steve de Shazer und Insoo Kim Berg, einem Ehepaar aus Milwaukee, die diese Methodik in der Beratung mit schwer erziehbaren Jugendlichen und ihren Eltern entwickelt haben. Ein Leitmotiv ihres Ansatzes: Wir schauen nicht auf Probleme, wir schauen auf Lösungen, die Menschen aus sich selbst heraus entwickeln können, ohne dass wir sie von außen verabreichen. Das war eine unglaubliche Befreiung von der Defizitorientierung in der Tradition von Sigmund Freud, wo jahrelang in Problemen herumgestochert wurde, unterstellend, dass dort auch die Lösungen zu finden sind oder gar die Auflösung von frühkindlichen Komplexen. Da waren de Shazer und Berg eine Eröffnung. Frei nach Goethe: Ein Problem lösen heißt auch, sich vom Problem lösen. In unserem Fall: Wir wenden uns den Ressourcen und Fähigkeiten eines Menschen zu und fragen – wann war es denn mal anders als schwierig? Wie hast du es hingekriegt, dass es dann besser war?

Ariel: Und dann gerann dieser bahnbrechende Schritt selbst zum Dogma.

Ingo: Ja, insbesondere indem dieser Ansatz einfach so ins Coaching und die Arbeit mit gesunden, Ich-starken Persönlichkeiten übernommen wurde.

Ariel: Ich-starke Menschen, die nun aber vielleicht nicht wissen, wie man ein schwieriges Mitarbeitergespräch exzellent führt.

Ingo: Gute Coaches wissen, wie gelingende Mitarbeitergespräche ablaufen. Wie man sie vorbereitet, wo man sie führt und für eine gute Atmosphäre sorgt, wie man so ein Gespräch beginnen und einleiten kann, welche Themen angesprochen werden können, wie man sie strukturiert, wie man Feedback gibt, aktiv zuhört, offen fragt, die Balance aus Zuhören und Steuern wahren kann, Killerphrasen vermeiden kann, Mitarbeitenden auf den Zahn fühlen kann, wie solche Gespräche ausgehen können, wie man am Ende Commitments vereinbart. Und so weiter.

Ariel: Und was macht ihr nun damit?

Johanna: Wir hangeln uns daran entlang, was uns der Coachee über sich und sein Vorgehen erzählt. Wir fragen eine Führungskraft also, wie sie bislang Mitarbeitergespräche geführt hat – vielleicht war es bislang nicht optimal, vielleicht war es bislang auch schlicht falsch. Etwa wenn jemand vor allem geschlossen gefragt hat, Feedback ohne Wertschätzung gibt, permanent Monologe führt und so weiter. Man kann ja so unendlich viel falsch machen, auch wenn manchen dieses Wort „falsch" nicht gefällt. Aber es gibt nun mal für bestimmte Themen objektive Wissensstrukturen. Die nicht immer richtig sein müssen, aber es in vielen Fällen sind.

Ariel: Erst fragen, dann sagen.

Johanna: Genau. Erst dann geben wir unseren Input hinzu. Da fließen dann unsere Erfahrung und unser Know-how ein, gewonnen in vielen Jahren praktischer und theoretischer Auseinandersetzung mit dem Thema. Reichern also das, was er schon kann, mit dem an, was uns auffällt: das entweder nicht richtig ist oder das fehlt oder das man schlicht anders machen könnte.

Ariel: Aha. Und wenn ihr jetzt an den Knackpunkt des Gesprächs kommt, wie man den Mitarbeiter öffnen kann?

Johanna: Interessante Frage, lieber Ariel. Leider bist du hier auf dem Holzweg. Und das ist eigentlich sehr schön. Wenn du gestattest, führen wir dir gleich mal vor, wie wir hier vorgehen würden in einem Gespräch, in dem uns so etwas begegnet. In dem also eine Führungskraft einen solchen Satz sagt, den wir in keinster Weise unterschreiben würden. Ich würde also antworten: Man kann Mitarbeitende nicht öffnen. Das können sie nur selbst.

Ariel: Du positionierst dich.

Ingo: Yes. Ich könnte hinzufügen: Wir können mit unserem Kommunikationsverhalten allenfalls die Wahrscheinlichkeit erhöhen, dass jemand sich öffnet.

Ariel: Das wäre Positionierung Nummer zwei.

Johanna: Machen wir weiter mit einer Frage: Wie könnte man denn kommunizieren, sodass die Wahrscheinlichkeit steigt, dass sich ein Mitarbeiter öffnet?

Ariel: Ich würde vielleicht antworten: Oha, das ist gerade bei diesem Mitarbeitenden wirklich schwierig.

Johanna: Worauf meine Antwort wäre: Das verstehe ich. Das finde ich auch. Es fällt auch mir schwer, in solchen Fällen die Fassung zu behalten und die passenden Worte zu finden.

Ariel: Positionierung Nummer drei. Du zeigst dich damit, dass es auch für dich schwierig ist. Und es ist eine Übertragung: Du lässt zu, dass sich die schwierige Situation auf dich überträgt, gerade so, als würdest du dich in derselben Lage befinden.

Johanna: Mein nächster Schritt im Coaching wäre: Liebe Führungskraft, lass uns doch mal überlegen, wie könnte man mit so einem Menschen in so einer Situation umgehen?

Ariel: Einwurf – umgehen, das klingt sehr technisch.

Johanna: Ja, aber das eröffnet einen großen Möglichkeitsraum, in dem wir uns gemeinsam auf die Suche nach Strategien begeben könnten – immer mit dem Ziel, diesen Mitarbeiter zu erreichen. Vielleicht hilft ja etwas ganz anderes: eine passende Einladung zu dem Gespräch, ein anderer Ort, eine Vertrauensperson, die dabei ist. Oder, ganz anders, ein Vorgespräch mit einem Kollegen, der Zugang zu ihm hat, nicht um ihn auszuhorchen, sondern um ihn zu bitten, einmal das Gespräch zu suchen, sodass durch jemand Vertrautes vermittelt wird, dass es hilfreich sein könnte, sich zu öffnen. Manchmal liegt ein Teil der Lösung ganz woanders.

Ariel: Was würdest du als Nächstes machen?

Ingo: Am Ende geht es natürlich trotzdem darum, wie der Coachee das Gespräch gestaltet, wie er sitzt, schaut, spricht, das Gespräch vorbereitet, strukturiert, beendet, was er hinterher macht oder lässt. An der Suche beteiligen wir uns und lassen dabei unser Know-how über Gesprächsführung, Feedback, Konflikt mit einfließen.

Ariel: Erst interessieren, dann sich zeigen. Wobei, wenn der Coachee das gar nicht haben will?

Ingo: Dann könnten wir in ein Sparring gehen. Und sagen: Aha, wieso soll das nichts bringen? Okay, und was wäre dann besser? Was würde stattdessen funktionieren?

Johanna: Aber wir achten unbedingt darauf, dass wir der Führungskraft unser Wissen mitgeben. Wir sind hier so etwas wie das *Quality Gate* dieser Führungskraft, ein Begriff aus der Produktion: die Abteilung, die noch einmal alles prüft und checkt. So, wie sie aus unserem Coaching rausgeht, geht sie in das Mitarbeitergespräch hinein.

Ariel: Das stimmt. Die Führungskraft wird eure Sätze im Ohr haben, wenn sie das Gespräch mit dem schwierigen Mitarbeiter führt.

Ingo: Nein! Nicht nur im Ohr! Sie wird sie vor sich liegen haben! Denn wir dokumentieren die Erkenntnisse und Ergebnisse des Coachings und mailen es zu, all das, was wir erarbeitet und geübt haben. Und das liegt dann oft auf dem Tisch. Das ist ganz wichtig: Viele Coaches glauben, die Führungskraft wird sich noch mal hinsetzen und so ein schwieriges Gespräch nochmals vorbereiten. Aber wie oft fehlt dann doch die Zeit oder die Kraft, man hat es zwar am Sonntagabend vor, aber zack! ist das Kind krank, und das Mitarbeitergespräch am nächsten Morgen wird eben nicht noch mal vorgedacht oder emotional durchgespielt.

Dieser Punkt ist mir ganz, ganz wichtig: Das Coaching *ist* die Realsituation! Hier und jetzt findet die Vorbereitung statt! Die auch sonst stattfinden würde – nur jetzt in unserem Beisein! Wir sind mittendrin im Realgeschehen, zugespitzt gesagt: Das Coaching ist nicht die Vorbereitung auf die Realität, das Coaching ist die Realität.

Ariel: Verstehe. Das ist dann das, was ihr meint, wenn ihr sagt: Ein Coach befindet sich mitten im Aktionsfeld.

Ingo: Genau! Und das verstehen viele Coaches leider nicht. Sie denken: Erst das Coaching, dann der Transfer, und dann soll der Coachee mal machen. Nein. Coaching ist der Transfer.

Ariel: Zurück zu unserem Fallbeispiel.

Johanna: Abschließend würde man wahrscheinlich die anstehende Realsituation simulieren und im Rollenspiel durchspielen.

Ingo: Wir sagen dann etwa: „So, jetzt sind wir ja das Gespräch und insbesondere die Schlüsselmomente durchgegangen. Ich möchte, dass wir die Schlüsselsituation jetzt einmal im Rollenspiel durchspielen. Also stell dir vor, ich bin dieser schwierige Mitarbeiter und sitze hier jetzt mit verschränkten Armen vor dir. Wie gehst du vor, wie sprichst du mit mir? Mach gern einmal vor."

Johanna: Wie nennen das Face-to-Face-Simulation: Wir nehmen die Rolle des Counterparts ein und konfrontieren unsere Führungskraft genau dort, wo sie am stärksten herausgefordert ist, ihre größten Unsicherheiten hat.

Ariel: Ihr nehmt den Coachee ja ganz schön in die Mangel.

Ingo: Ja. Wir sagen deshalb ja auch, ein Coaching ähnelt eher einem Zahnarztbesuch als einem netten Kamingespräch.

Ariel: Deshalb gibt es wohl auch Wasser und keinen Whisky.

Ingo: Exakt. Aber noch mal zurück zum Coaching: Ich kann nur dazu raten, im Anschluss an einen Reflexionsprozess möglichst eine solche Face-to-Face-Realsimulation zu machen. Es ist ein himmelweiter Unterschied zwischen dem, was Coachees so reflektieren, und dem, wie sie dann tatsächlich agieren. Auch hier stellen wir unseren Coachees in nicht unerheblichem Umfang noch Erfahrungswerte und Know-how zur Verfügung, wie sie die Situation anders gestalten können.

Ariel: Wieder eine Positionierung. Ein Coach muss ja ganz schön was auf dem Kasten haben. Denn es gibt ja zig Inhalte, die Thema werden können.

Johanna: Stimmt. Dieses Know-how, das man im Coaching verwendet, heißt offiziell „Coaching-Expertise". Wir verstehen nicht, wie sich manche Coaching-Ausbildungen nur auf eine Handvoll Psychotechniken konzentrieren, von denen sie dann behaupten, dies sei die ganze Welt des Coachings. Das empfinden wir als regelrecht anmaßend – und es ist vor dem Hintergrund dessen, wie Coaching sich historisch entwickelt hat, auch schlicht falsch. Keine sozialwissenschaftliche Schule allein ist Coaching. Das konnte man vielleicht in den 1990er-Jahren behaupten. Aber heutzutage ist das nicht mehr State of the Art, ja man verfehlt regelrecht den Gegenstand: Menschen in ihren Rollen mitten in ihrem Aktionsfeld zu stärken, durch Reflexion, Befähigung, Erprobung.

Ariel: Ihr neigt dazu, in einem fort die Karten auf den Tisch zu legen.

Ingo: Wir haben dann durchaus auch mal längere Sprechparts. Wobei wir beim co-kreativen Input jegliches Dozieren zu vermeiden suchen, also immer so rasch wie möglich wieder zu der Realsituation des Coachees zurückkommen. Wir arbeiten nicht mit didaktischen Fragen, bei denen der Dozent die Antwort schon weiß und trotzdem eine Frage stellt. Interessant ist ja nun, wie man mit dem eigenen sozialwissenschaftlichen Wissen umgeht. Es gibt fünf Möglichkeiten:

1) Wir können es offen auf den Tisch legen oder visualisieren. Dann sollten wir es aber auch nah am Anliegen und der Person erklären.

2) Wir können es für uns behalten.

3) Wir können dem Coachee die Aufgabe stellen, Wissen eigenständig zu recherchieren, um es in der nächsten Coaching-Session in den Coaching-Prozess aufzunehmen. Etwa bei juristischen Themen aus dem Arbeits-, Steuer- oder Gesellschaftsrecht.

4) Wir können komprimiertes Know-how zu einem Thema aus unseren Erfahrungs- beziehungsweise Wissensbeständen als Coach dem Coachee mitgeben. Das findet seit den 2010er-Jahren auch mittels Lernsoftware oder Coaching-Apps statt.

5) Wir können dem Coachee raten, Schulungen oder Trainings zu besuchen, um sich dort Wissen und Skills anzueignen, zum Beispiel Verkaufs- oder Präsentationstechniken. Sodass dieses neu erworbene Know-how in einer dann folgenden Coaching-Session angewendet werden kann. Um es so zu üben, feinzutunen, um es in das Verhaltensrepertoire des Coachees aufzunehmen.

Ariel: Und welche der fünf Varianten wählt ihr nun?

Ingo: Variante vier. Wobei wir immer darauf achten, nur das passgenau beizusteuern, was der Coachee wirklich braucht. Wir sind so transparent und so zielführend wie möglich – und wollen um Gottes willen nicht dozieren um des Dozierens willen. Oder belehren. Dazu ist unsere Zeit, und die des Coachees, schlicht zu kostbar.

Prinzipien amplifizieren und Arbeit mit Thesen

Ariel: Um was geht es in diesem Fall?

Ingo: Wir ergreifen Position, wir nehmen einen Standpunkt ein, wir polarisieren. Und das kann man auf zwei Weisen tun: Entweder man übertreibt/untertreibt. Oder man behauptet das Gegenteil und erzeugt einen Widerspruch.

Ariel: Wieder, um eine Reaktion beim Coachee zu provozieren?

Ingo: Nicht nur irgendeine Reaktion. Sondern mehr: eine innere Justierung, eine spontane, emotional-motivationale Reaktion. Dass jemand sofort sagt: Ja, genau! Oder: Nein, um Gottes willen! Oder: So habe ich das nun auch wieder nicht gemeint! Oder dass jemand einen Handlungsimpuls verspürt, wieder in beide Richtungen: Super, das mache ich! Oder eben: Niemals, das kommt auf keinen Fall infrage!

Ariel: Und warum funktioniert das so gut?

Ingo: Weil Werte und Prinzipien eine doppelte Bipolarität haben. Erstens können sie sich in ihr Gegenteil verkehren. Was gut war, wird schlecht. Zweitens gilt: Wer die eine Fahne hochhält, verdrängt, dass die andere Fahne genauso wertvoll ist. Wer die eine Seite der Medaille schön findet, vergisst allzu schnell, dass die Medaille auch eine andere Seite hat. Mit anderen Worten: Prinzipien geraten gern in Widerspruch zueinander – und zwar im Inneren von Menschen, zwischen Menschen, innerhalb von sozialen Systemen, zwischen sozialen Systemen.

Ariel: Ich glaube, hier müssen wir einmal ausholen.

Johanna: Nehmen wir das Beispiel Sparsamkeit. Eigentlich ist es ja richtig und wertvoll, mit Ressourcen klug zu haushalten, anstatt sie zu verschwenden. In aller Regel gilt: Je sparsamer, desto besser; wer noch sparsamer ist, handelt ethisch noch wertvoller.

Ingo: Allerdings nur bis zu einem bestimmten Punkt. Da verliert ein Prinzip plötzlich seinen Wert. Aus etwas ethisch Gutem wird etwas ethisch Fragwürdiges.

Johanna: In unserem Fall heißt dieser Umschlagpunkt Geiz. Von dem Moment an, in dem Sparsamkeit in Geiz umschlägt, wird das Prinzip nicht wertvoller, wenn ich es intensiver verfolge und praktiziere, sondern verliert es immer mehr an Wert. Aus der ressourcenschonenden Haltung wird Geiz.

Ingo: Das hat schon Aristoteles bemerkt und der deutsche Philosoph Nicolai Hartmann in seiner „Ethik" 1926 dann akribisch hergeleitet: Ein Prinzip im Übermaß verliert auf dramatische Weise seinen Wert. Ja, es verkehrt sich in sein Gegenteil. Das nennt die Philosophie das *Gegensatzverhältnis* von Prinzipien.

Johanna: Dies gilt auch für die umgekehrte Richtung. Vernachlässige ich das Prinzip, verliert es ebenso an Wert. Wenn Sparsamkeit total egal ist, verkommt sie zur Verschwendung. Ein Prinzip verkehrt sich also auch dann in sein Gegenteil, wenn ich es *zu wenig* praktiziere oder gar nicht, also prinzipienlos handle.

Ingo: Es wird allerdings noch komplizierter: Sparsamkeit stellt ein wertvolles handlungsleitendes Prinzip dar. Wobei Freigebigkeit, ein der Sparsamkeit entgegengesetztes Prinzip, grundsätzlich genauso wertvoll ist. Wer nun allzu viel Sparsamkeit walten lässt, bleibt sich und anderen die Freigebigkeit schuldig. Wer allzu viel Freigebigkeit walten lässt, bleibt sich und anderen die Sparsamkeit schuldig.

Ariel: Interessant. Ich versuche es mal in meinen Worten: Jeder will mit seinem Prinzip das Gute tun, und doch geraten die Prinzipien in einen logischen Widerspruch zueinander, und ich weiß am Ende gar nicht mehr, was eigentlich gut und richtig ist. Wie kann das sein?

Ingo: Hier sind wir bei einem grundsätzlichen ethischen Dilemma, und das ist nicht nur theoretisch, das führt ganz praktisch zu inneren Spannungen, da ist jemand ganz arg hin- und hergerissen. Denn die handlungsleitenden ethischen Prinzipien repräsentieren ja in jedem Fall Wertvolles, und man kann sagen, wo Wert gegen Wert steht, da macht man sich in jedem Fall schuldig, sobald man handelt. Wenn ich mir den *einen* Wert als mein Prinzip zu eigen mache und danach handele, verstoße ich gegen den Wert des *anderen* Prinzips, und wo ich das *andere* Prinzip in meinem Handeln verfolge, verstoße ich gegen das *eine*.

Johanna: Das nennt man übrigens das *Komplementärverhältnis* von Prinzipien.

Ingo: Schon Aristoteles behauptete deshalb, dass wahrhaft tugendhaftes Handeln darin besteht, die Mitte zwischen einander ergänzenden Prinzipien zu finden, in diesem Fall zwischen Sparsamkeit und Freigebigkeit.

Hegel würde sagen: Das Eine ist ohne das Andere nicht denkbar, nicht existent. Sparsamkeit als Begriff existiert ja nur in der Negation von Freigebigkeit, Freigebigkeit existiert nur in der Negation von Sparsamkeit.

Ariel: Und was folgt nun daraus?

Ingo: Wer nicht das Mittelmaß findet, wird schnell zum Prinzipienreiter. Denn Prinzipien haben die Neigung, sich „tyrannisch" zu vereinzeln. Als gäbe es nur noch dieses einzige richtige Prinzip. So erklärt es sich, dass es zur Rigorosität, zum Fanatismus oder Extremismus kommt.

Johanna: So erklärt sich auch die hohe Projektionsneigung, die in der Regel beim Aufeinandertreffen komplementärer Prinzipien im Spiel ist.

Ariel: Ihr bringt mich an die äußersten Verstandesgrenzen.

Johanna: Keine Sorge, klingt kompliziert, ist aber sehr nachvollziehbar. Schau: Wenn das Ego eines Menschen mit einem Prinzip identifiziert ist, es wertvoll findet und im Handeln verfolgt, dann wird in der Regel das Komplementärprinzip unbewusst gehalten. Das damit verbundene Schuldgefühl wird abgewehrt.

Ariel: Wer zur Sparsamkeit neigt, verdrängt Freigebigkeit, wehrt sie ab und will von ihr nichts wissen.

Johanna: Genau! Und jetzt kommt es: Was unbewusst gehalten beziehungsweise abgewehrt wird, projiziert sich leicht auf andere Menschen. *Sie* sind dann schuld daran, dass ich nicht sparsam sein kann, *ihnen* neide ich insgeheim, wenn sie freigebig sind und sich etwas gönnen.

Ingo: Es geht sogar noch weiter – die Verdrängung initiiert

Sekundärprozesse. Heißt: Heimlich mache ich es doch. Vielleicht kaufe ich mir, obwohl Sparsamkeit ein großer Wert für mich ist, ein teures Markenfahrzeug, angeblich weil es länger hält und man letztlich sparsamer fährt.

Ariel: Und was bedeutet dies jetzt für co-kreatives Coaching und die Methode der Positionierung? Es soll ja um „Prinzipien polarisieren und amplifizieren" gehen an dieser Stelle. Schlagt ihr euch jetzt etwa auf eine Seite und treibt es auf die Spitze?

Ingo: Genau. Anders gesagt: Den Extremismus, die Projektionsneigung nutzen wir nun im Coaching.

Johanna: Wir arbeiten dabei sehr wirkungsvoll mit Thesen. Eine These transportiert immer auch eine Einstellung, eine Bewertung, eine Werthaltung. Sie holt den allgemeinen Wert aus seiner idealen Sphäre herunter in die Niederungen der Prinzipien meines aktuellen Handelns.

Und sie lässt etwas offen, eine Beweisführung, eine Begründung. Eine These löst deshalb fast schon automatisch einen Suchprozess aus, mündend in drei Fragen. Erstens: Wie stehe ich zu dieser These? Zweitens: Welche allgemeinen Werte verbergen sich darin? Drittens: Wie stehe ich zu diesen Werten? Also, was sind eigentlich *meine* Prinzipien im Angesicht dieser These, worum geht es *mir* im Prinzip?

Ingo: Je authentischer, je leidenschaftlicher, das heißt je gefühlvoller die These dabei formuliert wird, desto intensiver und tiefer gehender spricht sie bei unserem Counterpart eigene emotionale und motivationale Ebenen des Erlebens an, fordert den Coachee heraus, zu bestätigen, zu widersprechen, eigene Thesen zu artikulieren.

Sowohl meine Thesen als Coach bis hin zu entstehenden Antithesen, die auch wahr sein können, lösen Affekte aus. Und diese Affekte können wir dann auf darin liegende Gefühle und Prinzipien hin durchdringen.

Ariel: Das klingt ja schön. Wir brauchen wieder ein Beispiel.

Johanna: Ich sage dann zum Beispiel, den Gedankengang des Coachees weiterspinnend und dabei amplifizierend, also verstärkend: „Genau, dann entlassen Sie die Mitarbeiterin am besten gleich! Wer nicht funktioniert, fliegt raus!" Unsere Aufgabe besteht im Coaching oft darin, Undenkbares, Unethisches, Unmögliches als Tatsache auszusprechen. So lässt sich prüfen und beurteilen, was davon wahr ist. Durch Handeln, in diesem Fall kommunikatives Handeln, kommen wir an die darin und dahinter liegenden Prinzipien heran. Das geht durch reine Kontemplation in vollkommener Selbstachtsamkeit nicht. Wir müssen es *tun*, wir müssen *handeln* und es wahr werden lassen, und sei es der Probe halber zunächst in der Metakommunikation, um die Konsequenzen zu spüren.

Ingo: Aristoteles sagt dazu sogar: Jedes Handeln folgt einem Prinzip, aber der Handelnde kennt es nicht. Nur dadurch, dass er handelt und dadurch merkt, was er tut, wird ihm zugänglich, welchem Prinzip er folgt.

Ariel: Möglicher Einwand der Humanisten, der unbedingten Wertschätzer: Wer mit Thesen arbeitet, macht die Leute fertig, die Coachees.

Ingo: Interessante These. Ich würde an dieser Stelle sofort fragen: Was ist denn der positive Kern von Leute fertigmachen? Das ist ja ein Extrem. Und eine Antwort wäre: Konfrontation. Mit anderen Worten: Wer Wertschätzung praktiziert, sollte auch Konfrontation können.

Ariel: Ernsthaft, wer amplifiziert, also verstärkt, vielleicht sogar übertreibt, läuft der nicht Gefahr, Menschen zu verletzen, hangelt der sich nicht schon fast an Entwertungen entlang? Ich meine, worin liegt der Unterschied zwischen einer entwertenden Position, wie ich sie täglich in den Meetingräumen der Unternehmen und Konzernen erlebe, und dieser Art des Arbeitens mit amplifizierenden Thesen?

Johanna: Das kann ich dir genau sagen, da sind wir total klar. Diese Entwertungen, von denen du sprichst, sind affektiv, normativ und bewerten die Person und nicht die Tatsache. Prinzipien, haben wir von Aristoteles bis hin zu Hartmann gelernt, formulieren ein Tun-Sollen, ein noch unerfülltes Erstrebenswertes. Diese Entwertungen formulieren ein normatives Tun-Müssen oder Sein-Müssen, Gesetzhaftes mit bindender Wirkung, einen realen Zwang. Entwertungen richten sich gegen das So-Sein von Menschen als normatives Sein-Müssen. Sie beenden Reflexionen und schließen Reflexionsräume, anstatt sie zu eröffnen. Und sie rücken mit Vorurteilen dem Menschen zu Leibe, unabhängig von seiner Rolle, unabhängig von Bedingungen und Möglichkeiten, die real zur Verfügung stehen oder nicht, unabhängig von tatsächlichen Verhaltensweisen dieses Menschen, bei denen man in der Regel gar nicht zugegen war. Die Bewertung der Situation entgleist zu einer Entwertung, zu einer Abwertung der ganzen Person. Donald Trump ist ein Meister dieser Form der Kommunikation.

Ariel: Ihr habt gesagt, Positionierung sei ein Alltagsphänomen und finde außerhalb wie innerhalb von Unternehmen viel statt.

Ingo: Ja, aber das unterscheidet sich schon von dem, wie wir es hier meinen und beschreiben. In Positionen werden ja Werturteile transportiert. Positionierung wird passiv deshalb im Alltag häufig dazu eingesetzt, sich selbst aufzuwerten und andere – latent oder offen – abzuwerten.

Johanna: Diese Art von Positionierung ist dann in der Regel ein doppelzüngiges Instrument, um einerseits Gefolgschaft einzufordern und sich andererseits abzugrenzen.

Ariel: Woran denkt ihr zum Beispiel?

Johanna: Menschen positionieren sich oft über Symbole. Zum Beispiel über Marken, also ein Markenauto, eine Markenhandtasche, eine Markenuhr oder Markenkleidung. Es gibt Menschen, die sich so hochwertig kleiden, dass sich andere Menschen per se in ihrer Gegenwart minderwertig fühlen, womöglich fühlen sollen. Eine Coaching-Anfängerin, die aus unseren Ausbildungen hervorgegangen ist, hatte seinerzeit immer perfektes, teures Make-up, exzellenten Haarschnitt, teuren Brillantschmuck, neueste teuerste Mode, kein Teil unter 2000 Euro. Daneben wirkte jeder andere wie Aschenputtel. Ihr Coaching hatte aber erst die Qualität von Zara oder H&M, ihre Positionierung im Äußeren passte also nicht zu ihrem Können als Coach.

Ingo: Gerade in den Zeiten von Social Media ist die eigene Inszenierung ein Instrument der Positionierung. Etwa wenn man Stars wie Victoria Beckham oder Rihanna oder Kim Kardashian oder wie David Beckham oder Brad Pitt versucht nachzueifern.

Johanna: Auch wer durch betont vorbildhaftes Verhalten führt, positioniert sich. Er oder sie zeigt für alle sichtbar: So läuft das hier, so handelt man richtig, so wird das gemacht.

Ingo: Lästern oder schwärmen, entwertendes oder anhimmelndes Reden über Dritte, ist ebenfalls ein Instrument der Positionierung. Denn sich positionieren kann auch die Unterbedeutung haben: sich finden. Ich rede über andere nicht nur, um über die anderen zu reden, sondern auch um mir klar zu werden, was richtig und was falsch ist, wahr oder unwahr, wie man sein sollte oder nicht, wie ich handeln will und wie nicht.

Johanna: Auch offene oder geschlossene Fragen können eine Positionierung enthalten, etwa indem man fragt: „Wer hat dies eigentlich dem Kunden so versprochen?" Und so unterschwellig zum Ausdruck bringt, dass es falsch sei, so zu handeln. Auch eine geschlossene Frage wie: „Ist es eigentlich zu viel verlangt, das vorausschauend zu organisieren?", enthält eine Positionierung. Mit einer abwertenden Beziehungsbotschaft im Schlepptau.

Ariel: Was ich jetzt verstanden habe, ist, dass in jeder meiner Handlungen Prinzipien stecken. Ich habe auch verstanden, dass ich das in der Regel gar nicht bewusst habe, sondern dass es eher passiert und ich über das Handeln erkennen kann, was mich treibt, mich so zu verhalten. Ich habe ferner verstanden, dass diese *guiding principles* bei Übertreibung auch in ihr Gegenteil umschlagen können, sodass ich zum Extremisten werde. Ich habe auch verstanden, dass jedes Prinzip quasi einen Komplementär hat, der genauso wertvoll ist, sodass ich kaum handeln kann, ohne gegen ein wertvolles Prinzip zu verstoßen. Ich handele also in komplexen Widersprüchen und muss mich im Grunde immer wieder befragen, welche Schuld ich eigentlich verantworten kann. Und weil das kaum einer tut und kann, brauchen wir Coaches. Oder?

Ingo: Ja, zumindest Reflexionspartner, mit denen wir abwägen können, was denn jetzt in der nächsten Situation die richtige Handlung ist. Und ja, es stimmt, im Coaching betreiben wir sehr viel *Widerspruchsmanagement*.

Ariel: Abschließend ganz praktisch – welches Tool nutzt ihr hier noch gern?

Ingo: Zum Beispiel setzt man seinen Coachee in einem imaginativen Rollenspiel auf zwei unterschiedliche Stühle. Also: Sei mal hier die Sparsamkeit, sei mal dort die Freigebigkeit. Und lässt ihn dann aussprechen, wie er jeweils die Welt sieht, was aus der jeweiligen Perspektive richtig und was falsch ist, welche Verhaltensweisen daraus folgen. Dies kann auch dazu dienen, die widerstreitenden Prinzipien wieder zu integrieren, in eine ausgewogenere Balance zu bringen oder sogar ein Leitmotiv zu entdecken, das Widersprüche auf höherer Ebene aufhebt, sodass innere Spannungszustände wirksam reduziert werden können. In diesem Fall: Man merkt vielleicht, dass es eigentlich gar nicht um Sparsamkeit und Freigebigkeit geht, sondern um „social sustainability", das heißt schonend mit Ressourcen umzugehen, ohne Menschen dazu zu zwingen, sich zu sehr einzuschränken, ihnen ihre soziomaterielle Entwicklung zu verwehren.

Vom Deuten zum Begreifen

Ariel: So, jetzt habe ich als Letztes „Deuten und Begreifen" auf meinem Zettel.

Johanna: Ja, stimmt, wenn wir das hier ordentlich zu Ende bringen wollen, dann kommen wir an diesem Thema nicht vorbei.

Ingo: Es ist allerdings eher so was wie ein dickes Brett, weil es hier komplexe Begriffstraditionen gibt. Deuten heißt, etymologisch betrachtet, zunächst einmal nicht viel mehr als zeigen, erklären, auslegen.

Ariel: Ehe wir in die Theorie einsteigen, was ist das Tool, was ist daran die Positionierung?

Ingo: In dieser Arbeitsweise positionieren wir uns dadurch, dass wir das Erleben und Verhalten eines Menschen nicht unmittelbar verändern helfen. Gleich mal ein Beispiel: Jemand hat vielleicht Angst, eine Präsentation vor dem Managementboard zu machen. Dann würden wir das nicht „wegtherapieren", sondern verstehen wollen, wozu in diesem Rahmen Gefühle oder Verhaltensweisen entstehen und wie man den Rahmen so verändern kann, dass jemand anders fühlen oder handeln kann. Wir gehen also nicht auf die Person, sondern auf die Rahmenbedingungen oder Verfahren, in denen etwas abläuft. Wir nehmen die Gefühle ernst, weil sie uns auf etwas Wichtiges hinweisen, aber schrauben am Kontext, nicht am Individuum.

Ariel: Let's go.

Johanna: Das mit dem Deuten in der modernen Psychologie fängt an bei Freud, schon 1901. Der hat ja im Rahmen seiner Traumdeutung die psychische Bedeutung eines Traumes für den Träumenden entschlüsselt. Er versucht zu verstehen, welchen Sinn, welche Botschaft ein Traum für den Träumenden hat.

In der Psychoanalyse guckt man, was Symptome, freie Assoziationen oder Träume zu tun haben mit unbewussten Antrieben, Wünschen, mit dem Feststecken in bestimmten Phasen der psychischen Entwicklung. Oder aber mit psychischen Konflikten, die nicht ohne Weiteres gelöst werden können. Die Deutung ist also in der Psychoanalyse das bevorzugte Mittel, um Unbewusstes zu Bewusstsein zu bringen und einer bewussten Verarbeitung und Transformation zugänglich zu machen.

Ariel: Du hast mir kürzlich erzählt, dass du während des Studiums Analytikerin werden wolltest. Man merkt, du kennst dich mit der Materie immer noch gut aus.

Johanna: Ja, die Psychoanalyse hat mich lange beschäftigt, bevor ich sie sehr entschieden ad acta gelegt habe. Ich fahre fort: Übertragungsdeutungen entstehen meist dann, wenn irgendetwas den Erzählfluss des Patienten unterbricht, ein plötzlicher Themenwechsel, parasprachliche Signale (zum Beispiel Variationen im Tonfall, verschluckte Silben, Pausen, Räuspern), Brüche in der Darstellung einer Thematik, plötzliche Assoziationen.

Aber auch Austauschprozesse zwischen Patient und Therapeut, also wenn der Patient die Erwartung hat, dass der Therapeut einen Rat gibt, und der das dann auch macht und so weiter. Greift der Therapeut dies auf und deutet dies, bringt es zum Beispiel in Verbindung mit der Angst oder anderen Aspekten des Symptoms, dann hat dies oft verändernde Wirkung auf den Patienten, weshalb man dies auch „mutative Interpretation" nennt: Zerrissene Zusammenhänge stellen sich für den Patienten plötzlich wieder her, durch die Deutung wird den Assoziationen des Patienten ein ursprünglich unbewusster Kontext hinzugefügt, was den Klärungs- und Erkenntnisprozess fördert und einen heilsamen Effekt hat. Deutungen werden dabei in der modernen Psychoanalyse häufig gemeinsam erarbeitet.

Ariel: Dann ist das, was ihr da in der Positionierung macht, ja nicht weit weg vom Deuten.

Ingo: Jein. Warte mal ab. Diese Arten der Deutung sind bei bestimmten Strömungen der Psychologie arg in die Kritik geraten. Und zwar deshalb, weil sie die Bedingungen, in denen Menschen aufwachsen, leben und arbeiten, völlig außer Acht lassen. Wir wollen das jetzt hier nicht vertiefen, aber im Endeffekt ist dabei eine Arbeitsweise entstanden, die *Begreifen* genannt wird. Sie schließt das Deuten ein, geht aber darüber hinaus.

Deuten wird hier auch als anschauliches Denken bezeichnet. Die Dinge werden auf ihrer Erscheinungsebene wahrgenommen und hingenommen, die gesellschaftlichen, kulturellen, organisationalen Hintergründe werden auf das mir unmittelbar Gegebene reduziert. Deuten gilt als ein Verstehen der Probleme und Herausforderungen von Menschen *in* beziehungsweise *unter* gegebenen Verhältnissen. Die Verhältnisse selbst, in denen sich alles abspielt, werden nicht explizit thematisiert, kaum hinterfragt und auch nicht richtig verstanden.

Ariel: So als ob die Unmittelbarkeit der eigenen Lebenslage und sozialen Position, die man innehat, die ganze Wirklichkeit wäre.

Ingo: Komplexe menschliche, soziale Handlungszusammenhänge werden auf Einzelaktivitäten und individuelles Verhalten reduziert, also auf das, was man gerade noch so individuell beeinflussen kann. Die Ziele, die wir in unseren Familien und Teams, in unseren sozialen und kooperativen Lebens- und Arbeitszusammenhängen entwickeln, werden überwiegend als bloß individuelle Ziele abgebildet.

Die Strukturen, Rollen, Muster, Prozesse und anderen Phänomene, wie ich sie hier und jetzt unmittelbar erlebe oder in meiner persönlichen Biografie erlebt habe, sind für mich im Prinzip
das Ganze. Probleme, Widerständiges, Konflikthaftes, Widersprüche und damit verbundene Spannungen stoßen nur mir als
Individuum zu. Sie existieren auch nur in meinem individuellen
Denken und Fühlen und können auch nur in meiner eigenen Innerlichkeit gelöst werden.

Deuten ist immer personalisierendes Wahrnehmen,
Denken und Fühlen, solange der Zusammenhang zwischen
einem Handeln und den Verhältnissen, in denen es subjektiv
funktional ist, ausgeklammert wird. Mensch und Welt werden
als etwas Getrenntes wahrgenommen. Die Umwelt gilt als etwas
Unerreichbares, Abstraktes, das irgendwie auf Einzelne einwirkt,
auf das man allenfalls mit passenden individuellen Reaktionen
antworten kann.

Ariel: Anders gesagt: Gefühle und Vorstellungswelten von
Menschen, ihre Eigenarten und Herausforderungen, die Wider-
sprüchlichkeiten ihrer Beziehungen erklären sich im Deuten immer nur aus sich selbst.

Ingo: Und daraus folgt: Das Einzige, was zur Veränderung der
Menschen und Beziehungen geändert werden kann, sind in deu-
tendem Denken die Menschen, ihre Beziehungen, die unmittelbaren individuellen und sozialen Prozesse selbst. Dies kann zu
einer Verinnerlichung, Psychisierung gesellschaftlicher, kulturel-
ler, organisationaler, rollenbedingter Probleme, Widersprüche,
Einschränkungen als bloß *psychische* Probleme, Widersprüche,

Beschränkungen der eigenen Person führen. Und zu der festen Überzeugung, dass sie auch nur in der eigenen Persönlichkeit und den unmittelbar gegebenen persönlichen Beziehungen bearbeitet und gelöst werden können.

Ariel: Du solltest Professor werden, lieber Ingo.

Ingo: Nein, das möchte ich ganz bestimmt nicht. Viel zu viel Bürokratie, mit der man sich da jeden Tag herumschlagen muss. Ich bin, bei aller Theorie, ein leidenschaftlicher Praktiker. Aber ich möchte wissen, was ich tue, ich stehe gern auf einem festen Fundament. Darum beschäftigen wir uns stets mit den geistes- und sozialwissenschaftlichen Grundlagen unseres Arbeitens.

Ariel: Finde ich gut.

Johanna: Ich mache mal weiter, meine Herren. Im *Begreifen* gelingt es mir, mich aus den sinnlichen Evidenzen und der in ihnen unmittelbar gegebenen Gliederung der Realität zu lösen. Ich begebe mich in eine gnostische Distanz zu den Phänomenen, die mir als sinnliche Information gegeben sind. Begreifen gilt als ein Verstehen der Probleme und Herausforderungen von Menschen *in Reflexion und Erweiterung* gegebener Verhältnisse.

Ariel: Und geht damit übers Deuten hinaus.

Johanna: Die Verhältnisse und Verfahren, in denen sich alles abspielt, werden explizit thematisiert, intensiv hinterfragt und in ihren objektiven Verweisungszusammenhängen verstanden.

Also was der Burn-out einer Mitarbeitenden damit zu tun hat, dass sie keine klare Stellen- oder Rollenbeschreibung hat. Und folglich auch nicht weiß, wo ihre Zuständigkeit, ihr Aufgabengebiet anfängt und wo es aufhört. Begreifen schließt das Deuten als ersten Schritt ein, geht dann jedoch darüber hinaus. Eine begreifende Auseinandersetzung mit Problemen, Widersprüchen, Einschränkungen, Herausforderungen fokussiert stets die *Verfügung* über im weitesten Sinne gesellschaftliche, kulturelle und im konkreten Sinne meine organisationalen, rollenspezifischen Bedingungen des Lebens und Arbeitens.

Ariel: Deuten spielt sich also auf der individuellen Ebene ab, Begreifen schließt die gesellschaftliche Dimension mit ein und das Miteinander in Betrieb, Agentur, Behörde.

Ingo: Genau. Die wichtigen Grundprozesse der menschlichen Existenz, mit denen sich die Psychologie befasst, sind zum Beispiel die Wahrnehmungsprozesse, Urteilsprozesse, Denkprozesse, emotionalen Prozesse, Motivationsprozesse, Kommunikations- und Beziehungsprozesse. Was sie weniger beleuchtet, aber genauso wichtig ist, sind zum Beispiel unsere Produktionsprozesse, Kooperationsprozesse, Konsumtionsprozesse. Also wie ich ganz konkret heute und morgen etwas produziere, dabei mit anderen kooperiere und das – meist von anderen – Produzierte dann konsumiere. Entscheidend für unsere Lebensqualität als Mensch sind dabei Verfügungsprozesse.

Ariel: Klingt abstrakt.

Ingo: Ist aber wirklich wichtig. Es meint, in welchem Ausmaß wir dabei allein oder gemeinsam mit anderen über diese Prozesse auch verfügen können. Inwieweit und wie ich als Einzelner – oder wir als Team – Einfluss auf diese Prozesse nehmen können. Wenn ich zum Beispiel auf meinem Smartphone an entsprechender Stelle ein Häkchen setze, um eine Zeitung ohne Werbeeinblendungen zu lesen, dann kann ich über die Art meines Konsums von News verfügen. Gibt es das Häkchen nicht, kann ich nicht darüber verfügen und ärgere mich vielleicht darüber.

Johanna: Begreifen thematisiert diese Möglichkeiten der *Sicherung* und der *Erweiterung der Verfügung* über die Strukturen, Prozesse, Dynamiken, die Arrangements und Muster, die den Rahmen für unser Handeln bilden. Begreifen ist damit befasst, die *Prämissen* der individuellen Existenz und die *Möglichkeitsräume*, die Individuen in ihrer Position und Lebenslage zugänglich sind, zu sichern und zu erweitern. Begreifen ist damit befasst, nicht nur Aktivitäten und Verhalten zu verändern, sondern die *Handlungsfähigkeit von Menschen in ihren Rollen* in ihren sozialen Verbänden, Organisationen, Kulturen und Gesellschaften *zu erhalten, zurückzugewinnen* oder *zu erweitern*.

Dies hat auch stets eine kollektive Komponente und kann häufig nicht nur von mir allein aus meiner Persönlichkeit und meinem individuellen psychischen Vermögen heraus gelingen, sondern benötigt gemeinsame Entwicklungsarbeit in den Familien und Teams, in den Systemen, den sozialen Gefügen, in denen wir leben und arbeiten.

Ingo: Um dieses Begreifen zu ermöglichen und über das Deuten hinauszukommen, betonen wir den Wert der „kollektiven

Erfahrungs- und Wissensstrukturen", die Coaching-Expertise, die wir für unsere Coachees bereithalten. So wird dem Erleben des Coachees nicht nur ein ehemals vorbewusster oder unbewusster Kontext hinzugefügt, der innere Klärung und Lösung ermöglicht. Sondern in einem Akt co-kreativen Begreifens wird dem unmittelbaren Erleben des Coachees ein Kontext aus verallgemeinerten Erfahrungs- und Wissensstrukturen angeboten, der ebenfalls Klärung und Lösung, aber eben auch die Entwicklung von wirksamen Handlungsstrategien in den sozialen Systemen ermöglicht.

Ariel: Ich kann euch folgen. Könnte man das hier Gesagte in einem Satz zusammenfassen?

Ingo: Wer willkürlich in der Unmittelbarkeit der Gefühle und Verhaltensweisen von Menschen herumdeutet, ohne die Rollen und Verfahren zu beachten, in denen alles abläuft, lässt wesentliche Potenziale des Coachings unausgeschöpft.

Ariel: Danke. Das war das letzte Tool. We are ready for positioning.

Zu guter Letzt

Ariel: Es ist Mitte Januar, es nieselt noch immer in Hamburg, aber die Tage werden allmählich heller. Wir haben viele Stunden miteinander verbracht, danke dafür. Ihr habt mich glänzend verpflegt, ich bin überrascht, wie vielfältig hier am Hamburger Stadtrand die Mittagstische sind. Am besten fand ich diese thailändische Bude mitten im Industriegebiet, wo es die köstlichen Currys gibt, angeblich der Lieblings-Asiate von Jörg Pilawa. Was schreiben wir ins Schlusswort? Brauchen wir eines?

Ingo: Von mir aus nicht. Es ist alles gesagt.

Johanna: Vielleicht sprichst du es, Ariel.

Ariel: Das mache ich gern. Ich bin ein weiteres Mal beeindruckt von eurer Belesenheit und eurem nicht enden wollenden Drang, den Coaching-Dingen auf den Grund zu gehen. Von eurer Leidenschaft für exzellentes Coaching. Davon, wie ihr miteinander umgeht. Wie ihr, während wir reden, plötzlich Stimmungen, Schwingungen aussprecht, etwa: Ich fühle mich gerade unwohl, weil ich gerade das und das spüre. Und dann antwortet der Andere darauf, und ihr reflektiert euch selbst und den Anderen und euer Miteinander in einer Weise, wie ich es so noch bei keinem anderen Paar erlebt habe.

Ich bin, seit langer Zeit wieder, in Kontakt gekommen mit all den Coaching-Tools. Das ist unglaublich inspirierend. Ich bin motiviert, vieles davon in den Alltag an der Reportageschule zu übernehmen.

Wobei ich mich auch gefragt habe: Warum neigt die deutsche Sozialwissenschaft zu diesem sprachlichen Pomp? Könnte man vieles nicht viel einfacher sagen?

Ingo: Vielleicht könnte man es, aber das wäre kompliziert.

Ariel: Wir sollten auch das versuchen. Aber das ist ein anderes Thema. Hier geht es um euch, die ihr so leidenschaftlich miteinander diskutiert, reflektiert, streitet, den Dingen auf den Grund geht.

Es geht hier um Positionierung.

Darum, dass man sich zeigen darf und soll als Coach.

Um ein Coaching, das miteinander schöpferisch ist, auf Augenhöhe einfallsreich, Seite an Seite erfinderisch.

Ein Zurück zu den Coaching-Wurzeln, ein Vorwärts zu einem neuen, selbst-bewussteren Coaching.

Wie großartig wäre es, wenn dieses Buch der Beginn einer neuen Unterhaltung wäre. Wie bereichernd.

Womit wir wieder am Anfang sind. Und am Ende.

Bücher, die uns inspiriert haben

Ariel: Ich finde ja die Bibliografien am besten, die nicht nur den eigenen Bücherschrank ausstellen, sondern die gewichten und kommentieren. Eine Auswahl der relevanten Werke, dazu ein paar Sätze, warum sie für einen selbst bedeutsam waren und was man von ihnen lernen kann.

Ingo: Gute Idee. Voilà:

Arnold, R. (2012). Wie man lehrt, ohne zu belehren. 29 Regeln für eine kluge Lehre. Heidelberg: Carl-Auer.

Phantastische Impulse, wie es gelingen kann, anliegenzentriert und co-kreativ Themen zu vermitteln. Eine reife Didaktik für Fortgeschrittene, die nicht mehr eng an ihren Lehrzielen und Lerninhalten kleben.

Bateson, G. (1985). Ökologie des Geistes. Anthropologische, psychologische, biologische und epistemologische Perspektiven. Frankfurt/Main: Suhrkamp.

Dilts, R. B., Hallbom, T., & Smith, S. (2001). Identität, Glaubenssysteme und Gesundheit. Höhere Ebenen der NLP-Veränderungsarbeit. Paderborn: Junfermann Verlag.

Ja, ihr habt uns inspiriert, aber es war doch ein wenig verschwurbelt theoretisch. Was wir bis heute nicht verstanden haben: Wie kommt es eigentlich dazu, dass die sogenannten Lernebenen logisch aufeinander aufbauen sollen? Das, was da produziert wurde, ist nicht so stringent logisch, wie man zuerst den Eindruck hat. Es fehlt von Beginn an das philosophische oder metatheoretische oder experimentalpsychologische Fundament. Was zählt, ist, dass eure Überlegungen im Coaching-Alltag nützlich und brauchbar sind. Wir können akzeptieren und in unsere Arbeit übernehmen, dass es offensichtlich unterschiedliche Identitäts- und Lernebenen gibt, auf denen sich Lernen und Entwicklung eines Menschen vollzieht. Ob das allerdings wirklich im Leben und Arbeiten eines Individuums oder Teams Relevanz hat, bleibt fragwürdig. Wir haben unsere Ressourcenpyramide an eurem Konzept orientiert. Aber nur, solange es nichts Besseres gibt. Wir bleiben neugierig.

Bolen, J. S. (1996). Close to the Bone. New York, NY: Scribner. Deutsche Erstausgabe (1998). Krankheit und die Suche nach dem Sinn. München: Heinrich Hugendubel.

Eine tiefgehende Inspiration darüber, wie es gelingen kann, in den größten Herausforderungen, die das Leben überhaupt zu bieten hat, ganz und gar schlicht als Mensch an der Seite eines anderen zu sein. Lesenswert auch für Gesunde.

Buer, F. (2015). Erfahrung – Wissenschaft – Philosophie: Drei Wissenssorten zur Konzipierung von Beratung. In Schreyögg, A. & Schmidt-Lellek, C. (2015). Die Professionalisierung von Coaching. Ein Lesebuch für den Coach. Wiesbaden: Springer Fachmedien. 185–202.

Ferdinand Buer gelingt es, mit seiner Durchdringung der Denkfiguren der Alten eine unschätzbare Orientierung über all das zu liefern, was wir bieten können, wenn wir uns als Coaches in unseren Verfahrensweisen, Erfahrungswerten und Wissensstrukturen zeigen und positionieren.

Crepaldi, G. (2018). Containing. Gießen: Psychosozial.

Alles Theoretische und Praktische über diesen Moment in der dialogischen Arbeit, in dem wir erlauben, dass sich die Situation, die Kognitionen, die Phantasien, die Gefühle des Counterparts vollständig an uns übertragen, sodass wir anfangen können, vor den Augen des Coachees mit der Situation umzugehen, sie zu verdauen, alles zu verarbeiten, Lösungsansätze oder Strategien zu entwickeln.

Erickson, M. H. & Rossi, E. (1981). Hypnotherapie. Aufbau, Beispiele, Forschungen. Stuttgart: J. G. Cotta.

Was soll man dazu noch sagen: Menschenkenntnis at its best.

Freud (1901). Über den Traum. In Freud, A. & Grubrich-Smitis, I. (Hrsg.) (1978). Elemente der Psychoanalyse. S. Freud Werkausgabe in zwei Bänden. Bd. 1. Frankfurt/M.: Fischer. 77–114.

Freud (1915/1946). Bemerkungen über die Übertragungsliebe. Weitere Ratschläge zur Technik der Psychoanalyse III. In Freud, A. & Grubrich-Smitis, I. (Hrsg.) (1978). Elemente der Psychoanalyse. S. Freud Werkausgabe in zwei Bänden. Bd. 1. Frankfurt/M.: Fischer. 526–535.

Strachey, J. (1934). The nature of the therapeutic action in psycho-analysis. In International Journal of psycho-analysis 15. 127–159.

Ja, der gute alte Freud. Ist und bleibt bahnbrechend, was er uns bis heute an empirischen Erkenntnissen mit auf den Weg gegeben hat. Unbestritten! Aber leider ist er allzu sehr in die Niederungen seiner bildungsbürgerlichen Existenz verstrickt. Passt, wo Menschen finanziell annähernd unabhängig und in ihre frühkindlichen Traumata verstrickt sind. Seine Therapiestunde kostete ja umgerechnet mehr als 400 Euro. Man muss also vorsichtig sein, wo und für wen Freud wirklich Brauchbares liefern kann und wo es sich eher um wichtige, verdichtete Erfahrungswerte handelt, die allerdings wegweisend waren.

Griffith, C. R. (1926). The Psychology of Coaching: A Study of Coaching Methods From the Point of Psychology. New York, NY: Charles Scribner's Sons.

Lovin, B. C. & Casstevens, E. R. (1971). Coaching, Learning, and Action. New York, NY.: American Management Association.

Fuoss, D. E. & Troppmann, R. J. (1981). Effective Coaching: A Psychological Approach. New York, NY, London, UK: Macmillan / Collier Macmillan.

Natürlich kommt ihr aus dem Sports und Managerial Coaching. Aber wie kann es sein, dass ihr so früh die nackte Methodik des Coaching so brillant theoretisch und (!) praktikabel beschrieben habt?! Disziplinunabhängig, würdet ihr sagen – universell brauchbar, würden wir heute sagen. Ihr seid die wahrhaften Pioniere des Coachings, wie wir es heute kennen. Und dabei Coaching so schlicht, so bescheiden-nüchtern beschreibend. Coaching schon so früh als psychologische Disziplin und Sozialwissenschaft grundlegend in seinen Fundamenten aufrichtend. Atemberaubend. Vielen Dank für diese Grundlegung von Coaching für die nach euch kommenden 100 Jahre!

Diels, H. (Hrsg.) (1906). Die Fragmente der Vorsokratiker. Band 1. 2. Aufl. Berlin: Weidmannsche Buchhandlung.

Gigon, O. (Hrsg.) (1951). Aristoteles: Nikomachische Ethik. Zürich: Artemis.

Waldenfels, B. (1961). Das sokratische Fragen: Aporie, Elenchos, Anamnesis. Meisenheim am Glan: Hain.

Ritter, J., Gründer, K. & Gabriel, G. (Hrsg.) (2010). Historisches Wörterbuch der Philosophie. 13 Bände. Basel: Schwabe. CD-ROM.

Wir danken euch, dass ihr uns die Alten für unsere tägliche Anwendung ihrer Erkenntnisse so nahebringt. Es ist für uns immer wieder überraschend, was seinerzeit alles schon durchdacht wurde, wenn ihr uns Erkenntnisse überbringt, wie zum Beispiel: „Wer in dieselben Fluten hinabsteigt, dem strömt stets anderes Wasser zu" (Heraklit bei Diels 1906, 64). „In dieselben Fluten steigen wir und steigen nicht: wir sind und sind nicht." (Ders., 69) „Man kann nicht zweimal in denselben Fluß steigen (...) und nicht zweimal eine ihrer Beschaffenheit nach identische vergängliche Substanz berühren, sondern durch das Ungestüm und die Schnelligkeit ihrer Umwandlung zerstreut und sammelt sie wiederum und naht sich und entfernt sich." (Ders., 75) Na klar, wir wissen: Wer die Alten kennt, hat noch lange nicht die Denkstrukturen der Postmoderne durchdrungen. Zu vieles, zu Bedeutendes, zu intensiv und nachhaltig Wirksames ist seit eurer Zeit gedacht, gefühlt, entwickelt worden. Allein die Psychologie hat ausgehend von euch so Bahnbrechendes verstanden, dass euch die Ohren schlackern würden. Dennoch ruft ihr uns immer wieder in Erinnerung, woher wir kommen – und wohin wir deshalb zu gehen in der Lage sind. Vor allem, wenn wir uns von euch lösen.

Glasl, F. (1990). Konfliktmanagement. Ein Handbuch für Führungskräfte und Berater. Bern: Freies Geistesleben.

Schwarz, G. (1991). Konfliktmanagement. Sechs Grundmodelle der Konfliktlösung. Wiesbaden: Gabler.

Alles Grundlegende, das ein Coach fürs Konflikt-Coaching braucht. Wir operieren sehr viel mit solch wertvollen angewandt-praktischen Wissensstrukturen im Coaching. Es charakterisiert Coaching geradezu, dass überall solche Wissensstrukturen, v.a. aus der Organisations- und Managementlehre, zur Anwendung gelangen.

Grimm, P., Keber, T. O. & Zöllner, O. (Hrsg.) (2019). Digitale Ethik. Leben in vernetzten Welten. Ditzingen: Reclam.

Rauch, J. (2021). The Constitution of Knowledge. A Defense of Truth. Washington: Brookings Institution Press.

Danke! Sehr scharfsinnig, was hier für unsere modernen Digitalgesellschaften problematisiert wird. Überzeugende Recherchen, Erkenntnisse, Antworten. Aber sicher noch nicht das letzte Wort in dieser unser aller Angelegenheit der Digitalisierung von Arbeit und Leben. Wir bleiben dran.

Habermas, J. (1981). Theorie des kommunikativen Handelns. Band 2: Zur Kritik der funktionalistischen Vernunft. Frankfurt/M.: Suhrkamp.

Habermas, J. (1962/1990). Strukturwandel der Öffentlichkeit. Untersuchungen zu einer Kategorie der bürgerlichen Gesellschaft. Mit einem Vorwort zur Neuauflage 1990. Frankfurt/M.: Suhrkamp.

Absolut wegweisend, seine Herleitungen und Abhandlungen, so fundiert und schlüssig, gerade auch in seiner Auseinandersetzung mit Luhmann. Wir verdanken Habermas im Coaching mindestens die drei kommunikativen oder auch phänomenologischen Lebenswelten „Objektive Welt", „Subjektive Welt" und „Soziale Welt". Sowie den fürs Coaching wegweisenden „Herrschaftsfreien Diskurs". Das sind zwar keine brauchbaren Konzepte für die reale Welt machtgeschwängerter Auseinandersetzungen in Familie, Organisation oder Politik. Leider. Aber hervorragende Orientierungen fürs Coaching. Es hat eigentlich kaum jemand besser theoretisch beschrieben, was im Coaching passieren kann, als Habermas.

Hartmann, N. (1926). Ethik. Berlin: Walter de Gruyter & Co.

Deutsche Gründlichkeit at its best. Wie kann man nur all das um Ethik, Werte und Prinzipien so grundlegend und umfassend, ausgehend von den alten Griechen bis in die Gegenwart, durchdenken. Hochachtung für diese Leistung!

Hegel, G. W. F. (1806). Jenenser Heft der Naturphilosophie. In Hoffmeister, J. (Hrsg.) (1931/1969). G. W. F. Hegel. Jenaer Realphilosophie. Vorlesungsmanuskripte zur Philosophie der Natur und des Geistes von 1805-1806. Berlin: Akademie-Verlag.

Gropp, R. O. (1971). Grundlagen des dialektischen Materialismus. Berlin: Deutscher Verlag der Wissenschaften.

Leontjew, A. N. (1973). Probleme der Entwicklung des Psychischen. Frankfurt/M.: Athenäum Fischer Taschenbuch.

Holzkamp-Osterkamp, U. (1975). Grundlagen der psychologischen Motivationsforschung. Frankfurt/M., New York: Campus.

Holzkamp-Osterkamp, U. (1976). Motivationsforschung 2. Die Besonderheit menschlicher Bedürfnisse – Problematik und Erkenntnisgehalt der Psychoanalyse. Frankfurt/M., New York: Campus.

Schurig, V. (1976). Die Entstehung des Bewußtseins. Frankfurt/M., New York: Campus.

Holzkamp, K. (1983). Grundlegung der Psychologie. Frankfurt/M.: Campus.

Welsch, W. (2012a). Mensch und Welt. Eine evolutionäre Perspektive der Philosophie. München.

Welsch, W. (2012b). Homo Mundanus. Jenseits der anthropischen Denkform der Moderne. Göttingen: Velbrück Wissenschaft.

Na ja – sehr ambivalent und widersprüchlich, was Hegel da ursprünglich produziert hat. Einerseits fabuliert er von dem großen Weltgeist, der alles zusammenhält. Für moderne Quantenphysiker gar nicht so abwegig, dass Beziehung, Information, Prozess oder Dynamik der Grundstoff des Universums sind und nicht Materiekügelchen. Gleichzeitig haben bekanntlich Marx und Engels den Hegel vom Kopf auf die Füße gestellt. Auch die moderne Kybernetik und Systemtheorie wären ohne ihn nicht denkbar. Es ist einfach noch immer weitreichend und tiefgreifend, was die materialistische Dialektik in der Tradition Hegels an theoretisch fundierten und praktisch handhabbaren Denkfiguren und Erkenntnismethoden hervorgebracht hat, um Wirklichkeit zu verstehen und zu begreifen. Handwerkszeug, das im Coaching bisher tragischerweise aus rein ideologischen Gründen ziemlich unterbelichtet geblieben ist. Welsch hat alles zum Glück herausragend nüchtern und unideologisch, rein sachlich in den fehlenden grundphilosophischen Gesamtzusammenhang gestellt, was – leider zum Teil ideologisch verbrämt, aber dennoch in der Substanz nützlich – Schurig, Leontjew und die Holzkamps in ein Konzept gegossen haben, das in den Sozialwissenschaften für mindestens ein Jahrhundert lang wegweisend bleiben wird. Und auch im Coaching liefert, was Kopf, Herz und Hand begehren. Das also gleichermaßen theoretisch fundiert und praktisch brauchbar ist. Einzigartig und deshalb erwähnenswert ist in diesem Zusammenhang sicherlich, wie brillant Ute Holzkamp-Osterkamp die Psychoanalyse auseinandernimmt, sodass man Klarheit darüber gewinnt, was davon brauchbar und was weniger brauchbar ist. Eine Befreiung und sicher historisch zu nennende Leistung, der wir im modernen Coaching viel Hilfreiches zu verdanken haben.

Hejl, P. M. (1987). Konstruktion der sozialen Konstruktion: Grundlinien einer konstruktivistischen Sozialtheorie. In Schmidt, S. J. (Hrsg.) (1987). Der Diskurs des Radikalen Konstruktivismus. 303–339.

Wie ergriffen waren wir von dem Diskurs seinerzeit. Alles war so anders, so grundlegend infrage stellend, so alles Gewohnte aus den Angeln hebend. Aber wer dann Hejl las, merkte schnell: An diesem Konstrukt aus Konstruktivismus und Systemtheorie stimmte etwas ganz systematisch und grundlegend nicht. Wenn es seine eigene Theorie auf sich selbst anwandte, dann waren der Konstruktivismus und die Systemtheorie keine Realität, sondern nur eine beliebige Spielart geistiger Betätigung. Es kann in Wirklichkeit auch ganz anders sein, als beide es postulieren. Das Konzept erledigt sich von selbst, wenn es sich ernst nimmt. Hejl konnte das leider nicht heilen.

Jacobi, J. (1940/1998). Die Psychologie von C. G. Jung. Eine Einführung in das Gesamtwerk. Mit einem Geleitwort von C. G. Jung. Frankfurt/M.: Fischer.

Jung, C. G. (1912/2001). Wandlungen und Symbole der Libido. Beiträge zur Entwicklungsgeschichte des Denkens. München: dtv.

Jung, C. G. (1961). Symbole und Traumdeutung. In Jung, C.G. (2001). Traum und Traumdeutung. München: dtv.

Ja, C. G. Jung hat sicher Bahnbrechendes hervorgebracht. Er ist Wegbereiter und erster Protagonist des ressourcenorientierten Denkens und Arbeitens in der Psychologie. Er ist auch derjenige, der die ursprüngliche Trennung von Individuum und Kultur oder Gesellschaft überwindet und nachweist, auf welche Weise allgemeinmenschliche, kulturelle, gesamtgesellschaftliche Phänomene ihren Ursprung in der Psyche, dem kollektiven Unbewussten oder der gesellschaftlichen Natur des Menschen haben. Viele haben Jung vor diesem Hintergrund noch nicht gelesen und verstanden. Wenngleich er sich, wie viele große Psychologen der ersten Stunde, verlaufen hat – im religiösen Mystizismus und in der Rechtfertigung faschistoider Symbolpolitik.

Kant, I. (1790). Kritik der Urteilskraft. In Weischedel, W. (Hrsg.) (1990). Immanuel Kant. Kritik der Urteilskraft. Werkausgabe Band X. Frankfurt/Main: Suhrkamp.

Einzigartig, brillant, wie Kant die alten Griechen in die Moderne überführt. Nur merkwürdig kopflastig das Ganze. Wie ging es dem Menschen Kant eigentlich, als er sein Leben lang seine jugendliche Studierstube nicht verlassen hat? Hat er sich selbst überhaupt wahrgenommen und gefühlt? Für uns Coaches immer nur die Hälfte von dem, was wir wahrnehmen und fühlen, wenn wir mehr wahrnehmen und fühlen können, als es Immanuel Kant offenbart. Trotzdem: auf seinem Gebiet unübertroffen. Wir können nur dankbar sein für diese Impulse.

Meier-Seethaler, C. (2001). Gefühl und Urteilskraft. Ein Plädoyer für die emotionale Vernunft. München: Beck.

Prima, dass es in dieser Doktorarbeit gelingt, Kant und der gesamten analytischen Philosophie ihren Absolutheitsanspruch zu nehmen und sie in den Kontext der durchaus emotional-motivationalen Urteilsbildung einzuordnen. Würde Kant sicher nicht gefallen, uns als Coaches schon, die wir jeden Tag mit den emotionalen und motivationalen Energien unserer Coachees zu tun haben. Außerordentlich hilfreich, ja wegweisend.

Rogers, C. R. (1942). Counseling and Psychotherapy. Boston, MA: Houghton Mifflin. Deutsche Erstausgabe (1972). Die nichtdirektive Beratung. München: Kindler.

Lewin, K. (1948). Resolving Social Conflicts. New York, NY: Harper. Deutsche Erstausgabe (1953). Die Lösung sozialer Konflikte. Ausgewählte Abhandlungen über Gruppendynamik. Bad Nauheim: Christian.

Schein, E. H. (1969): Process Consulting: Its role in organization development. Reading, MA: Addison-Wesley. Deutsche Ausgabe (1980/1999). Prozessberatung für die Organisation der Zukunft. Köln: Edition für Humanistische Psychologie.

Mindell, A. (1987). Der Leib und die Träume. Prozeßorientierte Psychologie in der Praxis. Paderborn: Junfermann.

Tausch, R., & Tausch, A. M. (1990). Gesprächspsychotherapie. Hilfreiche Gruppen- und Einzelgespräche in Psychotherapie und alltäglichem Leben. Göttingen: Hogrefe.

Reddy, W. B. (1999). Prozeßberatung von Kleingruppen. Wie der Berater erfolgreich interveniert. Leonberg: Rosenberger.

Unsere Visionäre, Vordenker, Vorbilder in allem, was mit klientenzentrierter Prozessbegleitung zu tun hat. Wir verneigen uns vor diesen sozialen Erfindungen.

Luhmann, N. (1984). Soziale Systeme. Grundriß einer allgemeinen Theorie. Frankfurt/M.: Suhrkamp.

Wirklich absolut überzeugend, wenn man sich intensiv mit Luhmann beschäftigt und in seine Terminologie eintaucht. Nur: Sie hängt in der Luft! Sie hat kein philosophisches Gesamtfundament, sondern überträgt Erkenntnisse aus Biologie (Maturana & Varela standen mit Sicherheit am Anfang des Erkenntnisprozesses), Physik (das können wir nicht genau erkennen, woher da die Anleihen kommen) und Kybernetik (das ist im Grunde eine mechanistische Ingenieurwissenschaft) ins Soziale und Psychische. Sorry, aber Luhmann war kein guter Psychologe! Für die anderen Disziplinen können wir das nicht beurteilen. Aber wir wissen, dass Maturana & Varela es gar nicht gut fanden, dass ihre in der Biologie gewonnenen Erkenntnisse so mir nichts, dir nichts auf soziale und psychische Systeme übertragen wurden. Das große Vakuum in der Luhmannschen Theorie ist, dass wir im Grunde von ihm viel zu wenig brauchbare Erkenntnisse über System*dynamiken* geliefert bekommen, also über die Eigenarten der Dynamiken von Teams, Familien und Organisationseinheiten, mit denen wir täglich als Führungskräfte und Coaches umgehen. Sehr dürftig, was da bisher vorliegt.

Nörenberg, M. (2007). Professionelles Nicht-Wissen. Sokratische Einredungen zur Reflexionskompetenz in der Sozialen Arbeit. Heidelberg: Carl-Auer.

Ja, hilft, klar zu sehen. Vielen Dank.

Münsterberg, H. (1912). Psychologie und Wirtschaftsleben. Ein Beitrag zur angewandten Experimental-Psychologie. Leipzig: Barth.

Ein einsamer, tragischer, aber umso beeindruckenderer Pionier der angewandten Psychologie, der deutschen Wirtschaftspsychologie oder Arbeits-, Betriebs- und Organisationspsychologie sowie der amerikanischen Industrial and Organizational Psychology. Münsterberg ist der Urvater der Psychotechnik oder Coaching-Tools, wie wir sie heute kennen.

De Shazer, S. (1998). Worte waren ursprünglich Zauber. Lösungsorientierte Therapie in Theorie und Praxis. Dortmund.

Radatz, S. (2000). Beratung ohne Ratschlag. Systemisches Coaching für Führungskräfte und BeraterInnen. Ein Praxishand-

buch mit den Grundlagen systemisch-konstruktivistischen Denkens, Fragetechniken und Coachingkonzepten. Wien: Systemisches Management.

De Jong, P., & Berg, I. K. (2002). Lösungen (er-)finden. Das Werkstattbuch der lösungs-orientierten Kurzzeittherapie. Dortmund.

Seinerzeit wirklich inspirierend, sehr schnell wurde aber klar: Das ist im Coaching nur die halbe Wahrheit.

Ramaswamy, V. & Gouillart, F. (2010). The Power of Co-Creation. Build It With Them to Boost Growth, Productivity, and Profits. New York, NY: Free Press.

Ramaswamy, V. & Ozcan, K. (2014). The Co-Creation Paradigm. Stanford, CA: Stanford University Press.

Schmölz, A. (2017). On Co-Creativity in Playful Classroom Activities. In Creativity – Theories – Research – Applications 4 (1). https://www.sciendo.com/article/10.1515/ctra-2017-0002. Download am 11.02.2022.

Universität Wien (2017). Ko-Kreativität / Co-Creativity. In https://co-creativity.univie.ac.at/#:~:text=Ko%2DKreativit%C3% A4t%20ist%20ein%20spezifisch,Dialog%20und%20gemeinsame%20Ethik%20aus. Download am 11.02.2022.

Kleining, G. (1995). Lehrbuch Entdeckende Sozialforschung. Band I. Von der Hermeneutik zur qualitativen Heuristik. Weinheim: Beltz.

Was für eine Eröffnung, das Co-Creation Paradigm. Vor allem, wie es sich in Pädagogik und Psychologie umsetzen lässt. Mehr dazu in unserem Text. Die qualitative Sozialforschung hat übrigens interessanterweise schon vor Jahrzehnten Regeln dazu produziert, die sich wunderbar integrieren lassen. Die sind ein bisschen old fashioned, aber good old fashioned.

Roth, G. (1994). Das Gehirn und seine Wirklichkeit. Kognitive Neurobiologie und ihre philosophischen Konsequenzen. Frankfurt/Main: Suhrkamp.

Vielen Dank dafür, dass wir nun verstehen, wie Wirklichkeit im Kopf entsteht. Die konstruktivistischen Schlussfolgerungen überzeugen uns weniger. Die in uns Menschen entstehenden Bedeutungen sind eben weitaus mehr als das unmittelbare Produkt neuronaler Regelkreisläufe.

Schein, E. H. (2005). Karriere-Anker. München: Lanzenberger, Dr. Looss, Stadelmann.

Hilft, klar zu sehen, in allen Fragen der Suche nach beruflicher Erfüllung und Karriereentwicklung.

Schmidt, H. (2013). Ein letzter Besuch. Begegnungen mit der Weltmacht China. Gespräch mit Lee Kuan Yew. München: Siedler.

Helmut Schmidt hat uns gezeigt, wie unabhängige Urteilsbildung im Scheinwerfer der Öffentlichkeit entstehen und sich behaupten kann. Helmut Schmidt ist zeit seines Lebens zu einer gesellschaftlichen Institution in der Bundesrepublik geworden, bei der man parteiübergreifend politische Urteilsbildung zu aktuellen Themen bezogen hat.

Schmidt-Lellek, C. (2006). Anmerkungen zur Professionalisierung des Coachings auf dem Hintergrund des klassischen Professionsbegriffs. In OSC – Organisationsberatung, Supervision, Coaching, 13(2). 183-192.

Alles, was ein Coach braucht, um zu verstehen, was nicht nur professionelles Coaching, sondern Coaching als Profession ausmacht.

Looss, W. (1991). Coaching für Manager – Problembewältigung unter vier Augen. Landsberg/Lech: Verlag Moderne Industrie.

Lenhardt, V. (1992/2002). Les responsables porteurs de sens. Culture et pratique du coaching et du team-building. 2ème édition. Paris: INSEP CONSULTING Editions.

Whitmore, J. (1992). Coaching for Performance: A Practical Guide to Growing Your Own Skills. London, UK: Nicholas Brealey. Deutsche Erstausgabe (1994). Coaching für die Praxis: Eine klare, prägnante und praktische Anleitung für Manager, Trainer, Eltern und Gruppenleiter. Frankfurt/M.: Campus.

Rückle, H. (1992). Coaching. Düsseldorf, Wien, New York, Moskau: Econ.

Schmidt, G. (1995). Business Coaching. Mehr Erfolg als Mensch und Macher. Wiesbaden: Gabler.

Schreyögg, A. (1995). Coaching. Eine Einführung für Praxis und Ausbildung. Frankfurt/M.: Campus.

Looss, Lenhardt, Rückle, Whitmore, Schmidt, Schreyögg – das sind die Grands Seigneurs beziehungsweise Grande Dame des modernen Coachings weltweit, wie wir es heute kennen. Des system- und funktionsunabhängigen Coachings, das überwiegend von externen, zunehmend aber auch organisationsintern aus Personalfunktionen heraus agierenden sogenannten Professional Coaches angeboten und praktiziert wird. Diese Erfindung stammt nicht aus den USA, sondern aus Deutschland, Frankreich, England. Alle sechs Pioniere haben Erstlingswerke verfasst, die konzeptionell, in ihrem Reifegrad und ihrer fachlichen Fundiertheit und Klarheit überzeugen, auf Jahrzehnte hin wegweisend waren und die Coaching-Szene nachhaltig geprägt haben.

Spiegel Online (20.01.2003). Uno Sicherheitsrat. Powell droht mit Krieg, Fischer mahnt zum Frieden. Download am 27.01.2022. https://www.spiegel.de/politik/ausland/uno-sicherheitsrat-powell-droht-mit-krieg-fischer-mahnt-zum-frieden-a-231574.html

Ein historisches Dokument zur Illustration, wie gelingende Urteilsbildung beziehungsweise Positionierung funktionieren und Wirkung entfalten können.

Von Bredow, W. & Noetzel, T. (2009). Politische Urteilskraft. Wiesbaden: VS.

Alles, was Kopf und Herz begehren, zu den Hintergründen von Urteilsbildung, wie wir sie im Coaching benötigen.

Watzlawick, P., Beavin, J. H. & Jackson, D. D. (1967). Pragmatics of Human Communication. A Study of Interactional Patterns, Pathologies, and Paradoxes. New York, NY: Norten & Company. Deutsche Erstausgabe (1969). Menschliche Kommunikation. Formen, Störungen, Paradoxien. Bern: Hans Huber.

Schulz von Thun, F. (1981). Miteinander reden 1: Störungen und Klärungen. Allgemeine Psychologie der Kommunikation. Reinbek bei Hamburg: Rowohlt.

Watzlawick & Co.: *Der* Durchbruch der systemischen Kommunikationspsychologie. Wer das liest, ist fest davon überzeugt, dass alles Menschengemachte auf der Erde aus Kommunikation besteht, das regelhaft funktioniert und so beeinflusst werden kann, dass Menschen gesund werden und bleiben. Etwas, das Schulz von Thun populär gemacht und zu brauchbaren Arbeitstechniken weiterentwickelt hat.

Steinke, I. (2007). Coaching im Unternehmen. Oder: Wer coacht, macht sich die Hände schmutzig. Vortrag vor der Regionalgruppe Hamburg der Sektion Wirtschaftspsychologie des Berufsverbandes Deutscher Psychologen. Hamburg: https://www.coatrain.de/ueber-uns/publikationen/

Steinke, I. (2015a). Prozessbegleitung? Nein Danke! Wie eine Ideologie den Ruf von Coaching beschädigt und was Positionierung und Feldkompetenz zur Ehrenrettung des Coachs beitragen

können. In hrm.de. http://www.hrm.de/fachartikel/prozess-begleitung%3F-nein-danke!-13485. Download am 31.10.2015.

Steinke, I. (2015b). Kompetenzanforderungen an Coaches. In Schreyögg, A. & Schmidt-Lellek, C. (2015). Die Professionalisierung von Coaching. Ein Lesebuch für den Coach. Wiesbaden: Springer Fachmedien. 257–283. Englische Erstausgabe (2017). Competency Requirements for Coaches. In Schreyögg, A. & Schmidt-Lellek, C. (2017). The Professionalization of Coaching. A Reader for the Coach. Wiesbaden: Springer Fachmedien. 193–222.

Steinke, I. & Rauen, C. (2018). Entwicklung von Business Coaching Competencies. Synthese eines Anforderungsprofils für Coaches auf der Basis eines internationalen Vergleichs von Coaching-Kompetenzmodellen. https://www.coatrain.de/wp-content/uploads/2019/02/Steinke__Rauen_2018 _Entwicklung_von_Business_Coaching_Competencies_1_-2.pdf. Download am 9.3.2019.

Steinke, J.M. & Steinke, I. (2018). Die Ursprünge von Coaching als Methodik. Eine Studie zur Entstehung und Historie von Professional Coaching zwischen 1911 und 1989. Implikationen für die Rolle, Kompetenzen und Ausbildung von Coaches heute. Hamburg: COATRAIN Publishing.

Dies sind unsere eigenen Veröffentlichungen, von denen im Text die Rede ist.